BEIRDD BRO EISTEDDFOD MALDWYN

D1630808

Gol: Arwyn Groe

℗ Arwyn Davies / Cyhoeddiadau Barddas ©
Argraffiad cyntaf 2015   .

ISBN 978-1-906396-83-1

Cyhoeddwyd rhai o gerddi Cyril Jones yn y gyfrol *Eco'r Gweld*
(Cyhoeddiadau Barddas, 2012)

Cyhoeddwyd rhai o gerddi Penri Roberts yn y gyfrol *Rhwng y Craciau*
(Gwasg Carreg Gwalch, 2015)

Cyhoeddwyd gan Gyhoeddiadau Barddas.
Argraffwyd gan Wasg Dinefwr, Llandybïe.

CYNNWYS

TRADDODIAD BARDDOL MALDWYN

Ym mhapur newydd y *Llanidloes & Newtown Telegraph* ceir disgrifiad byw o'r bardd Ceiriog (1832–1887), yn rhith cymeriad o'r enw Syr Meurig Grynswth, yn difyrru'i gynulleidfa mewn eisteddfod yn Nylife yn ystod ail hanner y bedwaredd ganrif ar bymtheg. Wele ddarn ohono:

> The bardic machine was next introduced to the audience ... the case containing the surprising invention is not much larger than a good sized cigar box. A large cog wheel is prominent in the front of the box, to which a handle is attached ... On this tape, and in characters only known to Sir Meyrick the inventor, are printed verse and *englynion*, which are pulled out by hand.

Â'r adroddiad rhagddo trwy ddisgrifio Ceiriog yn esgus iddo wneud camgymeriad, gan ddweud bod yr englyn a ddaw o grombil y peiriant yn canu clodydd 'Jac' o'r Jac y Mawn Hotel, tafarn leol yr ymwelodd y bardd â hi yn gynharach y noson honno, yn hytrach nag ysgrifennydd yr eisteddfod yn ôl ei fwriad. Dyma'r englyn:

> Dyma dŷ i dwymo dawn – tŷ ceffyl,
>   Tŷ coffi cysurlawn;
>   Tŷ, cofiwch, rydd beint cyfiawn,
>   *Gee, come horse* am Jac y Mawn.

Un agwedd bwysig, ymhlith nifer, a danlinellir yn y disgrifiad hwn yw'r modd y mae cynulleidfaoedd yn fodlon cyfaddawdu a derbyn elfennau o ffug a ffuantrwydd er mwyn cael eu difyrru. Bodloni derbyn bod bwlch rhwng byd y gerdd a'r byd go iawn a'r bwlch hwnnw yn culhau a lledu yn ôl y cyd-destun a'r cyfnod. Bydd yn ddifyr gweld ym mha fodd y mae beirdd cyfoes yr ardal yn cyfleu realiti'r bywyd cyfoes ym Maldwyn yn y gyfrol hon.

At bwrpas y cyflwyniad cymharol fyr hwn, hoffwn fabwysiadu dull peiriant barddoni yr hen Geiriog, gan ei droi yn beiriant amser hefyd wrth deithio'n lled fympwyol ar draws y canrifoedd. Ni fydd angen dyfynnu na chyfeirio at ein beirdd cyfoes – gan fod gweithiau'r rheiny rhwng cloriau'r gyfrol hon. Felly, rhown dro ar handlen ein peiriant dychmygol ac wele ddau englyn arall o fro'r Eisteddfod:

Y nos dywell yn distewi – caddug
 Yn cuddio Eryri,
 Yr haul yn ngwely'r heli
 A'r lloer yn ariannu'r lli.

Llidiard uwchlaw llidiardau – a godwyd
 I gadw terfynau
 Ar fynydd oer ei fannau,
 A'i werth i gyd wrth ei gau.

Englyn am Eryri! Camgymeriad arall? Nage wir, Gwallter Mechain (Walter Davies 1761–1849) o Lanfechain yw'r awdur. Bu'n ficer ym Manafon (mae'n siŵr yr awn ni yn ôl yno!), golygydd, beirniad – un o'r personiaid llengar a fu'n gymaint hwb i hen eisteddfodau taleithiol y cyfnod. Cafodd ei addysgu yn Rhydychen ond gwladwr a ffermwr hunanddiwylliedig o

Garno, John Thomas, Bron Haul (1866–1945) yw awdur yr ail englyn i Lidiart y Mynydd. Mae'r un dweud cryno, cofiadwy yn nodweddu'r ddau; y naill yn drawiadol o ddisgrifiadol wrth gyfuno'r haul a'r lloer ac Eryri yng nghorff yr englyn a rhythm llifeiriol tair llinell gyntaf y llall yn cyfleu ehangder mynydd-dir, tra bo cynghanedd groes acennog y llinell olaf yn clensio'n ddiarhebol werth gwrthrych yr englyn. Ond ble mae gwreiddiau'r hen fesur hwn a fu mor boblogaidd gan feirdd o bob cefndir cymdeithasol dros y canrifoedd?

Cymerodd ganrifoedd i'r englyn ddatblygu i'w ffurf bresennol. Wele ddau mewn Cymraeg cynnar o Ganu Llywarch Hen sy'n cyfeirio at Bowys a'i phobl:

Cyn bûm cein faglawg bûm cyffes – eiriawg:
Ceinmygid fy eres,
Gwŷr Argoed erioed a'm porthes.

Cyn bûm cein faglawg bûm hy,
A'm cynhwysid yng nghyfyrdy
Powys, paradwys Cymru.

Yn yr englynion hyn mae Llywarch yn sôn pa mor huawdl a pharod oedd ei ddawn cyn i henaint ei grymu. Roedd gwŷr Argoed yn gefn iddo a phawb yn edmygu'i gampau a châi ei groesawu yn neuaddau Powys, ei baradwys.

Mae'r englyn cyntaf uchod yn debycach i'r englyn penfyr cyfoes a'r ail i'r englyn milwr. Naid o fil a hanner o flynyddoedd ac fe allai'n peiriant fwrw o'i fol un o englynion penfyr Gwilym Tilsli (1911–1997), genedigol o bentre'r Fan, ger Llanidloes; englyn syml ond adnabyddus sy'n adlais cymdeithasol o'r ugeinfed ganrif o gyflwr unigol, ingol

Llywarch o'r chweched ganrif. Daw o'r awdl 'Cwm Carnedd' a gipiodd y gadair i'w hawdur ym mhrifwyl 1957:

Yn y Foelas a'r Villa – onid oes
Un dyn a breswylia?
Neb ond Saeson hinon ha'.

Cwpled ola'r englyn unodl union – yr esgyll – yw sail mesur ei frawd mwy o ran hyd, ond iau o ran oedran, sef y cywydd. Daeth i fri yn ystod cyfnod Beirdd yr Uchelwyr. Doedd Maldwyn ddim yn brin o'r rheiny. Yn eu tro ymwelai beirdd crwydrol mwyaf blaenllaw'r cyfnod â llefydd fel y Drenewydd ac abaty Ystrad Marchell, ger y Trallwng. Beirdd fel Iolo Goch a Guto'r Glyn. Ceir disgrifiad cryno gan Iolo o ogoniant trefol y Drenewydd, a arddelai'r enw persain Llanfair yng Nghedewain cyn y bymthegfed ganrif. Wele bedair llinell o'i gywydd:

Dra gerddais, anfonais fawl,
Drwy Geri, gwlad ragorawl,
A'r Drefnewydd lifwydd lefn,
Bwrdeistref baradwystrefn.

Dyma gartref Dafydd Llwyd y canodd Lewis Glyn Cothi iddo – er mai dim ond tystiolaeth sydd gennym o hynny, gan i'r cywydd fynd ar goll. Ond deil Dafydd Llwyd yn fyw yn enw ysgol Gymraeg y dref. Ganrifoedd wedyn, ym 1833, pan elwid y dre yn 'Leeds Cymru' oherwydd y diwydiant gwlân oedd yn ffynnu yn yr ardal, mae mawlgan Robin Ddu Eryri iddi yn yr iaith fain yn swnio'n rhamantaidd o siwgwrllyd o'i chymharu â chywydd disgybledig Iolo. Y mae hefyd yn tanlinellu'r newid a ddigwyddodd yn economaidd ac ieithyddol yn nwyrain Maldwyn:

O what a blissful place!
By Severn's Bank so fair.
Thy factories lofts, seem smiling on the sky,
Newtown, Newtown is surely now the name
Owen in Brittania whole is joyful of thy fame.

Ond a dychwelyd at ganu'r bymthegfed ganrif ac Ystrad
Marchell. Does dim un garreg ar garreg yn weladwy o'r hen
fynachlog ar lan afon Hafren lle claddwyd Owain Cyfeiliog,
ond mae rhai o'r geiriau a blethwyd mewn cynganeddion
cywrain amdani hi a'i chladdedigion yn dal yn glir o glywadwy
ganrifoedd wedyn. Dyna, er enghraifft, gwpled agoriadol
marwnad Guto'r Glyn i fardd arall o'r rhanbarth, Llywelyn
ab y Moel o Lanwnnog:

Mae arch yn Ystrad Marchell
Ym mynwent cwfent a'u cell.

Fel yr awgryma'i enw, cysylltir Guto â Glyndyfrdwy ond
roedd ganddo gysylltiadau â gororau ardal yr Eisteddfod hefyd,
gan fod Siôn Hanmer a Sieffre Cyffin, Cwnstabl Croesoswallt,
yn yr hen Faelor Saesneg, yn noddwyr iddo.

Ac mae'r hen fesurau a wreiddiwyd mor ddwfn yn naear
Maldwyn yn dal i ffynnu, fel y tystia'r gyfrol hon. Hyd yma
y bardd *hwn*, yr englyn *hwn* a'r cywydd *hwn* fu hanes y wib
farddol hon. A fu'r ardal yn hafan i'r awen fenywaidd o gwbl?
Yn ôl Dafydd Johnston, yr awdurdod pennaf ar ganu cyfnod
Beirdd yr Uchelwyr, y llais croywaf a'r mwyaf heriol o ddigon
o blaid merched, 'gan herio rhagfarnau gwrywaidd' ei dydd,
oedd Gwerful Mechain o deulu Llwydiarth (*fl.c.*1462–1500)
a ganodd nifer o gywyddau maswedd mwyaf plaen eu hiaith

y bymthegfed ganrif. Roedd hi'n feirniadol o feirdd fel Ieuan
Dyfi a'r Dafydd Llwyd arall hwnnw, o Fathafarn yn nyffryn
Dyfi, a âi dros ben llestri wrth foli rhannau uchaf corff merch –
gwallt, gruddiau, llygaid ac ati – gan anghofio rhan bwysicaf ei
hanatomi:

> Gado'r canol heb foliant
> A'r plas lle'r enillir plant ...

Ond y mae'r cwpled hwn yn un dof iawn o'i gymharu
â rhannau eraill o'i chywydd am y cedor, a fwriadwyd 'fel
cymar i gywydd Dafydd ap Gwilym am ei gala' yn ôl Dafydd
Johnston. Wele rai llinellau:

> Sawden awdl, sidan ydiw,
> sêm fach, len ar gont wen wiw,
> lleiniau mewn man ymannerch,
> y llwyn sur, llawn yw o serch.

[Awdl swltan yw, / mae'n hem fach sidanaidd a llen dros ei
ffwrch ddisglair-hyfryd / sy'n ymagor i fan croesawus, / llwyn
sur, llawn cariad] 'Symol yw ei chrefft ar brydiau' yw sylw
cofnodwr gwrywaidd y *Cydymaith i Lenyddiaeth Gymraeg*
amdani ond does dim dadl nad oedd yn llais heriol ac yn eithriad
ymhlith beirdd uchelwrol yr ardal, er ei bod o'r un dras â nhw.

Ymhen tair canrif, yn yr un ardal, byddai bardd benywaidd
o blith gwerin Maldwyn, yn llunio molawdau llawer mwy
dyrchafol ac ysbrydol i wrthrych ei serch, yn sgil y Diwygiad
Methodistaidd. Ann Thomas (Griffiths)(1776–1805), merch
Dolwar Fach, oedd honno. Daeth y rhain yn rhan o'n
hetifeddiaeth emynyddol ond nid cyn iddynt gael eu diogelu ar

gof a chadw gan Ruth, morwyn yn Nolwar, a'u golygu hefyd gan ysgolheigion yng nghwrs y blynyddoedd.

O blith dynion a merched ein llên go brin bod yr un ohonynt wedi cael sylw cyson ers eu marw gan gynifer o feirniaid a darllenwyr. Tanlinellir hyn gan Robin Chapman yn ei ysgrif 'Dosbarthu'r Annosbarthus' (*Ysgrifau Beirniadol* XXX). Adlewyrchir agweddau eu cyfnod a'u daliadau yn neongliadau'r beirniaid hyn. Clymodd ei chofianwyr cynnar hi wrth ei henwad; fe'i hawliwyd fel Rhamantydd ac fel Calfinydd; fel 'athrylith mewn dinodedd' gan O. M. Edwards; ei chyfriniaeth a danlinellwyd gan W. J. Gruffydd; a dadleuodd Jane Aaron mai cymdeithas a diwylliant gwrywaidd-ganolog ei dydd a droes Ann yn fewnblyg ei natur, gan nodi'r tebygolrwydd bod cyfeillach o ferched yn cyfansoddi 'cerddi' tebyg ond i'r rheiny fynd ar goll. Mae E. Wynn James hefyd yn ein hatgoffa bod traddodiad beirdd y canu rhydd, a beirdd fel Huw Morys (1622–1709) o bentref Llansilin, a'r holl gefndir o weithio carolau yn y rhan hon o Gymru, wedi dylanwadu arni.

Serch hynny, y Diwygiad Methodistaidd a'i trwythodd yn ei Beibl ac mae ei hemynau yn feichiog o gyfeiriadau Beiblaidd. Wele rai enghreifftiau o un pennill yn unig:

> Dyma babell y cyfarfod
>> (Ecsodus xxvii. 21; xxix, 42; xxx 20)
> Dyma gymod yn y gwa'd
>> (Lefiticus xvi. 11, 271)
> Dyma noddfa i lofruddion
>> (Numeri xxxv. 10–28)
> Dyma i gleifion Feddyg rhad
>> (Mathew ix. 12; Marc ii. 17)

Mae'n rhyfeddol sut y cenir geiriau'i hemynau yn reddfol bron, gan y mwyafrif ohonom, mewn cwrdd a chyfeddach, yn union fel y mae plant bach yn canu geiriau gorgyfarwydd hwiangerddi heb unrhyw amgyffred o'u hystyr a'u cyddestun yn aml. Ond maen nhw yn dal ar ein cof, fel llinellau o wymon ar draeth amser, yn dynodi penllanw'r diwygiad a deimlodd y ferch o Ddolwar dros ddwy ganrif yn ôl.

Buddiol fyddai aros yn y parthau dwyreiniol hyn gan fod rhai o feirdd mwyaf blaenllaw'r iaith Saesneg yn gysylltiedig â nhw. Hanai teulu dylanwadol George Herbert (1593–1633) o Drefaldwyn – o dras Normanaidd a Chymreig. Er iddo dreulio'r rhan fwyaf o'i fywyd mewn swyddi eglwysig pwysig yn Lloegr, cofir ef am ei waith barddol sy'n cofnodi 'the many spiritual Conflicts that have past betwixt God and my Soul'.

Serch hynny, bardd Saesneg y mae ei gysylltiad â'r ardal yn llawer cryfach ac yn llawer mwy Cymreig – a Chymraeg o safbwynt ei ryddiaith – yw R. S. Thomas (1913–2000). Golygodd R.S. gyfrol o weithiau Herbert ym 1967 a gallai'r dyfyniad uchod o eiddo Herbert ynghylch y gwrthdaro rhwng Duw ac enaid bardd fod yn berthnasol i dalp helaeth o farddoniaeth R.S. ei hun erbyn diwedd ei yrfa. Ym Maldwyn, fodd bynnag, ei gerddi am wladwyr garw a syml eu byd fel Iago Prytherch, cerddi sy'n perthyn i'w gyfnod fel rheithor eglwys Manafon, a'i dyrchafodd i fod yn fardd Saesneg o bwys yn y 1950au. Beirniadwyd y rhain fel cerddi adweithiol a thywyll gan rai beirniaid ond yn y gerdd *Those Others* a gyhoeddwyd ym 1961, ar ôl iddo adael Maldwyn, mae'r bardd yn fwy cytbwys a charedig wrth bwyso a mesur dylanwad yr ardal arno, wedi iddo gael ei aileni yn Gymro:

This was the cramped womb
At last took me in
From the void of unbeing.

Mae hon yn gerdd ddiddorol am fod ei llinellau byr a'i
chwpledi odledig yn adlais o hen fesur y cywydd. Erbyn ei
diweddglo, mae'r bardd yn dod yn agos at adleisio'r hen arfer o
foli a gysylltir â'r cywydd, pan sonia am ymlyniad y gwladwyr
Iago Prytherchaidd hyn wrth hen ffordd Gymreig o fyw:

Clinging to their doomed farms;
Their hearts though rough are warm
And firm, and their slow wake
Through time bleeds for our sake.

Bardd Saesneg arall, yr un mor enwog ag R.S., a aned ar y
Gororau ym Mhlas Wilmot, Croesoswallt oedd Wilfred Owen
a ganodd gerddi cignoeth am ei brofiad yn y Rhyfel Mawr.
Yn wahanol i R.S. taflu cip o hirbell a wnaeth e ar fryniau
Maldwyn a'r iaith a fagwyd yn eu crud tua'r gorllewin. Yn ôl
Alan Llwyd, roedd ei adnabyddiaeth o'r traddodiad barddol
Cymraeg yn mynd yn ôl i gyfnod y Cynfeirdd, gan ei fod
yntau wedi gwneud defnydd o hen dechneg y beirdd hynny
o broestio. Techneg yw hon sy'n cyfateb cytseiniaid yn unig
ar ddiwedd llinellau, gan greu lled-odlau neu hanner odlau,
a gwnaeth Owen ddefnydd effeithiol ac ysgytwol o'r dechneg
yn ei gerddi. Yn nhref Amwythig gerllaw, pan oedd clychau'r
eglwys yn canu i ddathlu diwedd y gyflafan honno ym 1918,
derbyniodd ei fam frysneges drist yn cofnodi i'w mab – a oedd
yn fardd anhysbys ar y pryd – golli'i fywyd.

Fel y crybwyllwyd yn barod wrth sôn am y Drenewydd, gadawodd diwydiant ei farc ar yr ardal, er na chysylltir diwydiant â barddas yn aml yn ein 'traddodiad'. Dychwelwn i Ddylife a cheir digon o brawf yno bod cerddi mwy answyddogol nag englyn peirianyddol Ceiriog hyd yn oed yn cael eu cyfansoddi. Yr enghraifft orau yw'r 'awdl' o fawl ar fesur y tri thrawiad a ganodd bardd anhysbys i Fartha – sef rhod ddŵr dros ugain cilomedr ar ei thraws a ddefnyddid i weithio dwy o siafftiau dyfnaf y gwaith. Dyma enghraifft o'i ddawn ddisgrifiadol:

> Mae yn ei llawn hwyliau mewn amryw o liwiau
> Yn harddach na rhodau'r holl wlad,
> Mewn presydd melynion yn dduon ei hoelion
> A'i breichiau yn gochion fel gwa'd.

Hyd yn oed yn y dyfyniad byr hwn, fel y nodais mewn cyfrol arall, 'mae cywirdeb ei ddisgrifiadau yn rhoi stamp diffuantrwydd' ar ei waith. Canodd Richard Jones, dilledydd o rigymwr o Fachynlleth, benillion llai crefftus i ddathlu dyfodiad rheilffordd David Davies, Llandinam i gysylltu'r Drenewydd a Machynlleth ym 1857, gan ddarogan: '*Ladies* hardd o Loegr draw / Am *goods* ein bro, os *Railway* ddaw'.

Mewnfudwr, a methdalwr o orsaf-feistr meddw erbyn y diwedd, oedd Ceiriog, druan. Serch hynny, trodd allwedd ei ganeuon poblogaidd gloeon calonnau ei gyd-Gymry, calonnau digon ansicr eu curiad yn dilyn Brad y Llyfrau Gleision, yn ôl Hywel Teifi. Ei gydymaith barddol wrth gyflawni'r dasg honno mewn eisteddfodau fel rhai Dylife oedd Richard Davies – Mynyddog (1833–1877) – o Lanbryn-mair gerllaw. Mae'n rhyfeddol bod ei ganeuon yntau, fel rhai Ceiriog, yn dal mewn bri ar lwyfan eisteddfod a chyngerdd, ac yn achos Mynyddog (awdur fersiwn gwreiddiol 'Sosban Fach'), ar gae rygbi hefyd, er bod cofnodydd y *Cydymaith* yn honni mai 'ychydig o werth parhaol sydd iddynt.' Yn ôl traethawd MA dadlennol – ond anghyhoeddedig – Angela Bennett, mae llawer o'i ganeuon yn drosiadau o *parlour songs* Saesneg ei ddydd. Caneuon aelodau'r dosbarth gweithiol parchus yn Lloegr oedd y rheiny, yn mynegi'u hymgais i ddringo'r ysgol gymdeithasol i rengoedd y dosbarth canol is. Mae'n eironig, ar un olwg, eu bod wedi para mewn bri yn y Gymraeg flynyddoedd ar ôl eu diflaniad o barlyrau'r iaith fain. Wele rai o'r teitlau a'u tarddiadau yn ôl traethawd Angela:

> 'Cartref' (*Home Sweet Home* – J. Howard Payne)
> 'Baner ein Gwlad' (*Come strike the bold anthem –* bardd anadnabyddus o America) yn ogystal â chaneuon poblogaidd fel 'Pistyll y Llan', 'Llwyn Onn' a 'Myfanwy'

Wrth anelu'n peiriant yn ôl o Ddylife i gyfeiriad Meifod byddai'n werth teithio trwy un o gymoedd cudd harddaf Maldwyn, sef Cwm Nant yr Eira. Ni ellir yngan ei enw, bron, heb ychwanegu, yn reddfol bron, eiriau agoriadol telyneg hyfryd Iorwerth Peate (1901–1982) o Lanbryn-mair: 'Mae tylluanod heno yn Nôl-y-garreg-wen.' Ac wrth gyflymu heibio Ysgol y Banw yn Llangadfan, daw'r cof am y cyn-Brifathro hynaws, y Prifardd Emrys Roberts (1929–2012) awdur awdlau'r 'Gwyddonydd' a'r 'Chwarelwr', a llu o gerddi eraill i blant – ac i drigolion y dyffryn.

A dyma ni yno. Mae safle hen gastell canoloesol tywysogion Mathrafal yn dal yn hynod drawiadol uwchlaw afon Banw o fewn caniad corn gwlad i'r Maes. Cynddelw Brydydd Mawr yw'r bardd a gysylltir â'r ardal a'r safle. Ond anodd yw profi ar draws mil o flynyddoedd pa gerddi yn union a ganwyd yno. Ac ar ôl darganfod hynny, anoddach fyth yw eu deall, gan mor astrus yw eu geiriau a'u cystrawen. Wele gwpled nad yw'n rhy astrus:

> Ym maes Mathrafal mathredig – tyweirch
> Gan draed meirch mawrydig.

Ar un olwg, bu benthyca peiriant Ceiriog yn ddull digon anniben o wibio'n ôl a blaen dros 1,500 o flynyddoedd. Fel y nodais ar y cychwyn does dim gofod mewn ysgrif fel hon i fframio'r cyfan yn amseryddol. Yn ystod y degawd diwethaf llwyddodd y Dr Emyr Williams, yr hanesydd o Aberhosan, i gyflawni'r dasg honno mewn modd ffres a chyffrous. Yn wahanol i'r dehongliad traddodiadol sy'n dyddio canu Llywarch a Heledd i gyfnod y nawfed ganrif ar y gororau, mae Emyr, trwy osod y cyfan yng nghyd-destun y llys Brythonig-Rufeinig, yn cysylltu'r cerddi yn uniongyrchol â'r chweched ganrif a'r bardd Taliesin. Felly, mae ei draethawd ymchwil – anghyhoeddedig hyd yma – yn agor pennod gyffrous newydd ym maes hanes Cymru a barddoniaeth Gymraeg.

Trwy ymgymryd â dull yr ysgrif hon o wibio trwy froydd ei barddas, tanlinellir agwedd bwysig arall. Nid traddodiad unionsyth, di-dor, fel rheilffyrdd Dafis Llandinam, mo'r traddodiad barddol yn yr ardal. Mae'n igam-ogamu, yn debycach i gefnffyrdd y sir, ar draws ffiniau hanesyddol a daearyddol a dosbarthiadau cymdeithasol. Mae'n cynnwys canu mawl a maswedd, diwygiadau crefyddol a chwyldro diwydiannol. Heb sôn am ffin symudol y Gymraeg wrth iddi gilio tua'r gorllewin.

Cyn 'diwedd' hyn o lith – a defnyddio un o idiomau cryno'r sir – rwyf am roi un tro sydyn arall i'r handlen. Y tro hwn, rwy'n hyderus na fydd yn gwneud yr un camgymeriad, gan fy mod yn gofyn am englynion gan ddau o englynwyr gwirioneddol grefftus y sir yn yr ugeinfed ganrif: dau weithiwr cyffredin, y naill yn yrrwr trên a'r llall yn grydd, a'r ddau wedi cyfansoddi englynion i fyd natur – sy'n tanlinellu eu bod yn gloyw feddu'r hen gelfyddyd. Gellid darllen y cyntaf, gan Ithel Rowlands, Machynlleth (1922–2012), fel englyn i'r mesur ei hun, ac i ogoniant y pwythau mân sy'n llunio tapestri astrus ein byd; a'r ail gan John Penry Jones, y Foel (1915–1989), fel englyn rhybuddiol i ddynoliaeth sy'n dal yn or-hoff o chwarae â thân:

Nyth y Dryw
Hen go bach y cilfachau, – a phinsied
    Cynffonsyth yn ddiau
    Yw'r un gwylaidd, brown golau,
    A'i dŷ i gyd wedi'i gau.

Pry'r Gannwyll
Ni ddychwel drwy'r tawelwch – i olau'r
    Aelwyd o'r tywyllwch;
    Herio fflam â chorff o lwch
    Oedd ei farwol ddifyrrwch.

Cyril Jones

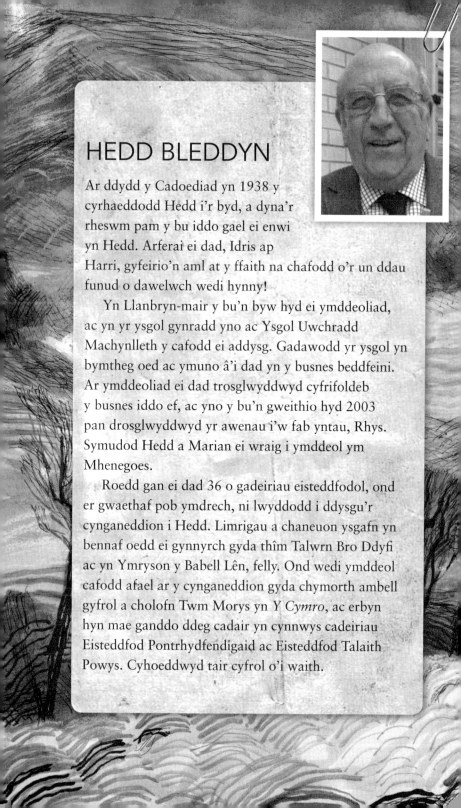

HEDD BLEDDYN

Ar ddydd y Cadoediad yn 1938 y cyrhaeddodd Hedd i'r byd, a dyna'r rheswm pam y bu iddo gael ei enwi yn Hedd. Arferai ei dad, Idris ap Harri, gyfeirio'n aml at y ffaith na chafodd o'r un ddau funud o dawelwch wedi hynny!

Yn Llanbryn-mair y bu'n byw hyd ei ymddeoliad, ac yn yr ysgol gynradd yno ac Ysgol Uwchradd Machynlleth y cafodd ei addysg. Gadawodd yr ysgol yn bymtheg oed ac ymuno â'i dad yn y busnes beddfeini. Ar ymddeoliad ei dad trosglwyddwyd cyfrifoldeb y busnes iddo ef, ac yno y bu'n gweithio hyd 2003 pan drosglwyddwyd yr awenau i'w fab yntau, Rhys. Symudod Hedd a Marian ei wraig i ymddeol ym Mhenegoes.

Roedd gan ei dad 36 o gadeiriau eisteddfodol, ond er gwaethaf pob ymdrech, ni lwyddodd i ddysgu'r cynganeddion i Hedd. Limrigau a chaneuon ysgafn yn bennaf oedd ei gynnyrch gyda thîm Talwrn Bro Ddyfi ac yn Ymryson y Babell Lên, felly. Ond wedi ymddeol cafodd afael ar y cynganeddion gyda chymorth ambell gyfrol a cholofn Twm Morys yn *Y Cymro*, ac erbyn hyn mae ganddo ddeg cadair yn cynnwys cadeiriau Eisteddfod Pontrhydfendigaid ac Eisteddfod Talaith Powys. Cyhoeddwyd tair cyfrol o'i waith.

Dafydd Wyn yn 90 oed

Yn naw deg daw gwerth ei daith – yn gyfan
    O gofio ei afiaith,
  A'i nodwedd a'i holl adwaith
  I mi'n her yng ngrym ein hiaith.

Dafydd, fel dolydd Dyfi – fe euraist
    Dwf erwau dy gerddi,
  A'n gweithred heddiw'n medi
  Cynhaeaf llên d'awen di.

Wrth fedd Hedd Wyn

Mae 'na fardd, mae yn ei fedd, – enillodd
    Trwy allu anrhydedd;
  Ni welwyd ei orfoledd
  Awr ei glod ond gwaed ar gledd.

Rhyfyg a gwarth y rhyfel – a welodd
    'Rôl aelwyd ddiogel,
  Yn fardd gaiff fyth ei arddel
  Er y Somme yn fawr ei sêl.

Cau ysgol

Lle bu plant, lle bu antur – lle bu sŵn,
Lle bu syms ar bapur;
A'r sym gan y Cyngor Sir
Yn angheuol anghywir.

(Yn nhafodiaith odledig Hedd Bleddyn)

Limrig yn ymwneud â'r Nadolig

Petai stabal Bethlem yn Lerpwl
Mi fyddai y doethion mewn trwbwl
Am na fyddai'r un camel
Wrth gerdded drwy'r twnnel
Yn gweld yr un seren o gwbwl.

Limrig ar hanes beiblaidd

Mr Lot oedd y cynta' i wneud creision
Trwy eu crasu nhw'n denau mewn toddion,
Cadd wared â'i briod
Mewn ffordd ddigon hynod
Trwy lenwi'r pacedi bach gleision.

I gofio Ithel Rowlands

Ei agwedd gain fonheddig – a gofiwn
    Am gyfaill gosgeiddig;
     Ein braint yw rhoi ar y brig
      Ŵr annwyl o'r Arenig.

Ei swyn mewn ymrysonau – ac awen
     Ei gywydd mor olau;
     Allwedd gawn o'i linellau
     Heno'n awr i lawenhau.

Yn ddyfal â'i Fro Ddyfi – y rhannodd
     Y rhinwedd sy'n cyfri;
    I'n bro cyfrannodd i'w bri
    A'i hurddas yn ei gerddi.

Mae un lle ym min y llyn, – mae 'na lain,
     Mae 'na lwch ym Mhenllyn;
     Ein gwae yw'r atgofion gwyn
     Am Ithel, ŵr amheuthun.

JOHN TALOG DAVIES

Wedi ei eni a'i fagu yn Llanerfyl, treuliodd John Talog chwarter canrif cyntaf ei oes yn ei fro enedigol yn Nyffryn Banwy. Mynychodd Ysgol Gynradd Llanerfyl mewn cyfnod pan oedd 99% o boblogaeth yr ardal yn Gymry Cymraeg. Cafodd ei addysg uwchradd yn Llanfair Caereinion cyn ymadael yn bymtheg oed i ddod adref i'r ffarm deuluol yng Nghoedtalog.

Priododd â Gwyneth yn bump ar hugain oed a symud i ardal Llanrhaeadr-ym-Mochnant i ffermio. Ymhen amser cyfarfu â Meurig Jones, y Castell, a'r Parch Henry James, dau fardd oedd yn weithgar gyda'r eisteddfod fach a drefnid gan y capeli yn ardal Llanrhaeadr. Fe'i gwahoddwyd i gystadlu yn yr adran farddoniaeth, ac er syndod iddo enillodd ambell wobr. Mynychodd ddosbarth cynghanedd yn Rhiwlas gyda'r diweddar Brifardd Emrys Roberts, cyn cael ei wahodd i ymuno â thîm Talwrn y Beirdd Rhiwlas. Yn ddiweddarach cafodd ei dderbyn yn aelod o Orsedd Eisteddfod Powys, a daeth yn Arwyddfardd am gyfnod cyn ei ethol yn Dderwydd am dair eisteddfod.

Mae'n cyfaddef mai prydydd ysbeidiol ydyw, heb feddu ar yr egni a'r dyfalbarhad sy'n angenrheidiol i gynhyrchu cerddi maith, ond mae'n hoff o'r englyn fel dull cynnil o gyflwyno neges mewn deg sillaf ar hugain.

Cyfrinach

Mae heddiw yn fy meddiant – ryw hanes
Na rannaf, yn bendant.
A gwn, nes byddaf yn gant,
Yn rhwym fydd stori'r rhamant.

Anti Mersi yn gant oed

Er gweled oes caledi – yn ddi-gŵyn,
Gwelodd gant eleni.
I'r oes nawr mae gwers i ni
Ym mherson Anti Mersi.

Diogyn

Rhywfodd y mae'n arafu – yn yr ardd
A'r haul yn tywynnu,
A chanwaith gwell na chwynnu
Yw *sit down* ar bwys y tŷ!

Celwydd golau

Fe welais yr hen falwen – ar ei ffordd
I'r ffair yng Ngobowen;
Tua'r Rhyd aeth heibio'r trên
Yn wyllt gan fynd fel mellten!

Ŵy

Oedi a wna ei hedyn – yno'n gaeth
Yn ei gell o blisgyn,
Yna'r iâr a'i gwres yw'r un
A'i deora'n aderyn.

Maldwyn

(yn sgil bygythiad John Redwood i ddileu statws
sirol Maldwyn)

Am mai estron y meistri – ni welant
Anwyled yw inni;
Er dyfod ei difrodi,
Maldwyn fydd Maldwyn i mi.

ANN FYCHAN

Merch o Lanbryn-mair yw Ann yn wreiddiol. Fe'i ganwyd yn y Pennant ym mhen ucha'r plwyf, yr ieuengaf o ddau o blant. Derbyniodd ei haddysg yn Llanbryn-mair a Machynlleth cyn troi am y Coleg Normal ym Mangor. Wedi hynny bu'n dilyn gyrfa fel athrawes gynradd yn y Drenewydd, Llanbryn-mair a Glantwymyn.

Pan oedd yn ugain oed symudodd gyda'i rhieni i fyw i Gemaes, a rai blynyddoedd yn ddiweddarach priododd Gwilym Fychan o Abercegir, ac yno y magwyd eu dau fab, Owain a Bedwyr. Erbyn hyn mae ganddynt bedair wyres ac un ŵyr, Mari, Lisa, Nansi, Martha a Garmon.

Roedd teulu Ann yn frith o feirdd gwlad a gyfrannodd yn helaeth at ddiwylliant ei hardal a bu hithau yn aelod o dîm Talwrn y Beirdd Bro Ddyfi am dros ddeng mlynedd ar hugain. Mae hefyd yn hoff o gyfansoddi neu addasu geiriau ar gyfer caneuon i blant a chaneuon ar gyfer sioeau cerdd neu fudiadau ieuenctid. Bu gan Ann ddiddordeb mawr mewn llefaru erioed, a threuliodd lawer o'i hamser yn hyfforddi plant a phobl ifanc yn ogystal â beirniadu mewn eisteddfodau ledled Cymru.

Gwers

Mae'r gwynt yn dal i chwythu
o gyfeiriad Pengwern
o hyd,
a'i oerfin marwol
yn cyrraedd
hyd 'bellafoedd hen wlad Llŷn',
yn chwipio
trwy ddrysau agored
arfordir Ardudwy,
yn difa'r tyfiant
ar fryniau Ceredigion,
ac yn 'sgubo drwy'r ffenestri
hyd loriau gweigion
fy nghynefin
innau ...

Ninnau 'wylwn wers' cyn
tynnu'n capiau dros ein clustiau
a chodi'n coleri
rhag ei deimlo'n
fferru'n
gwarrau ...

Distawrwydd

Bûm yn dyheu am ei
gwmni,
chwiliais amdano ymhob
twll a chornel,
ond, rhywfodd, llithrai'n slei o'm gafael
bob tro,
gan daeru nad oedd
iddo le
yng nghanol dwndwr bywyd
a chwerthin plant.

Ond heddiw
sleifiodd y gwalch i mewn
trwy dwll y clo,
gan lithro'n llechwraidd
trwy noethni'r ystafelloedd,
a'u llenwi
o un i un,
stwffiodd i bob cadair wag,
gorweddodd yn feiddgar
ar y gwelâu glân,
di-grych.

Gwelaf o'i osgo
ei fod am aros – ac aros
yn hir.
A minnau heb wybod
pa beth i'w wneud â'i ddieithrwch.

Ffair

Un fel ti oedd dy daid;
heidiai merched
penchwiban
ar ei ôl,
ond y fi oedd yr unig un
a welai;
ni faliem 'run botwm am y glaw,
ni theimlem yr un defnyn
ohono,
afiaith yr ifanc yn gynnwrf
ymhob gwythïen,
a ninnau yn chwarae mig rhwng y stondinau;
y fi'n esgus ei golli, –
ond chollais i 'rioed mohono,
bu yno erioed,
mor ddigyfnewid â thician
yr hen gloc mawr.

A dyma tithau'r llencyn
yn cynhyrfu'r
ddawns yn y cof,
a'r rhubanau sy'n chwifio
yng ngwallt y meddwl;
ti, sydd â hyder
dy daid yn dy gerddediad,
a'i dynerwch yn dy lygaid.

Croeso

Dyma ni eto
yn ein ffordd ofn-brifo-neb
yn estyn croeso papur bro
i bawb a phopeth.

Rhaid i ni
wneud y peth iawn,
nid
am ei fod yn wleidyddol gywir
yn ôl gofynion ein cyfnod,
ond oherwydd grym hen,
hen arferiad.
Eu croesawu nhw
â breichiau agored,
y nhw a fydd,
yng nghyflawnder yr amser,
yn difa'r colofnau
fesul croeso.

Noswylio

Mae yno'n blygeiniol bob bore
i mo'yn ei bapur,
y *Daily Post*, *Farmer's Weekly*
neu'r *Tir*,
rhaid cadw cysylltiad â'r tir.

A dyma fo,
fel dafad heb borfa,
yn ŵr bonheddig ben bore
ar balmant caled y dre'
ond yr un yw ei osgo,
a'i gerddediad,
a'i gap stabal
wrth iddo grwydro 'nôl
i'w gartre' cyfleus,
i dorri pwt o lawnt
a'i chasglu'n das,
tra bo hithau'n
cymhennu'r gwely blodau
lle na ddaw'r un
iâr i grafu,
na'r un ddafad i fwyta'r dail.

Mari Fflur
(ein hwyres fach gyntaf)

Yng nghanol trymder gaeaf
y blodyn perta' erioed
a ddaeth i lonni 'nghalon
ac ysgafnhau fy nhroed,
er gwaetha'r hin, mae pleser pur
ymhlith petalau Mari Fflur.

Bob dydd caf chwilio'n eiddgar
am wyrth fach newydd sy'n
ymguddio 'nghrych pob petal
fyn agor fesul un.
Beth ddaw yfory o blygion 'rhain
i ddod â'r haf i galon Nain?

Nos a dydd

Ar y ffordd i Bant y Deuddwr
oedodd Dei a minnau neithiwr,
oedi fel y bydd cariadon,
golau'r sêr yn hudo'r galon.

Fel daeth haul dros war y mynydd
i oleuo'r byd o'r newydd,
aeth y rhamant fel 'raeth ynte,
aeth y sêr o'm llygaid inne.

Tri phennill telyn

Megis dŵr yn cronni'n araf
hiraeth sydd yn cau amdanaf,
grym y lli yn corddi, corddi
nes i'r argae fechan dorri.

Gweld hen gariad o'r gorffennol,
sylwi'i fod o'n hyll eithriadol,
dyna od im gredu unwaith
fod y cr'adur bach yn berffaith!

Gweld y jwg ar silff y dreser,
gweld dim ond ei sglein o bellter,
ond wrth imi nesu ato
gwelais ddoe a'i graciau ynddo.

GWILYM FYCHAN

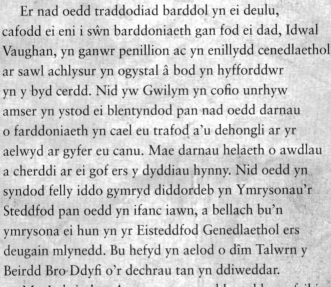

Ganwyd Gwilym ar fferm y Felin Newydd ger pentref Abercegir o deulu'r diwydiant gwlân ar ochr ei dad a ffermwyr ar ochr ei fam. Mynychodd Ysgol Darowen ac Ysgol Uwchradd Machynlleth cyn dod adre i ffarmio.

Er nad oedd traddodiad barddol yn ei deulu, cafodd ei eni i sŵn barddoniaeth gan fod ei dad, Idwal Vaughan, yn ganwr penillion ac yn enillydd cenedlaethol ar sawl achlysur yn ogystal â bod yn hyfforddwr yn y byd cerdd. Nid yw Gwilym yn cofio unrhyw amser yn ystod ei blentyndod pan nad oedd darnau o farddoniaeth yn cael eu trafod a'u dehongli ar yr aelwyd ar gyfer eu canu. Mae darnau helaeth o awdlau a cherddi ar ei gof ers y dyddiau hynny. Nid oedd yn syndod felly iddo gymryd diddordeb yn Ymrysonau'r Steddfod pan oedd yn ifanc iawn, a bellach bu'n ymrysona ei hun yn yr Eisteddfod Genedlaethol ers deugain mlynedd. Bu hefyd yn aelod o dîm Talwrn y Beirdd Bro Ddyfi o'r dechrau tan yn ddiweddar.

Mae'n briod ag Ann, ac mae ganddynt ddau o feibion a phump o wyrion ac wyresau i'w cadw'n brysur.

I gofio Gerallt

Fe nyddwyd darn o Sarnau'r oesau gwâr,
    A chreu sgain o liwiau'n
    Bellen o awen a'i wau
    Yn rhamant o batrymau.

Rhoi lliw i dapestri llên a wnest ti,
    Dy stamp ar gystrawen,
    Rhoi'r wefr yn gymysg â'r wên
    A rhoi'r 'O' yn yr awen.

Ti oedd awen y dadeni a llais
    Dyddiau lleddf ein stori,
    Llais gormes ein hanes ni,
    Ein henaid a'n trueni.

Mae beirdd a beirdd yn ein byd, nid yw rhai
    Ond rhith o gelfyddyd,
    Ond daeth i'r wybren ennyd
    O gerdd oedd enaid i gyd.

Er cof am Maurice Davies, y Dyfi

(tafarnwr y Dyfi ac organydd medrus Capel Nebo, Glantwymyn)

Fe gofiai fwrlwm yr amseroedd gwell
Pan heidiai'r 'sgidiau hoelion at y bar,
Hiraethai'n gyson am ei faboed pell
Yng nghôl ei deulu a'r gymdeithas wâr;
Wrth dynnu peint breuddwydiodd lawer tro
Am fod ar lwyfan cerdd yn gwneud ei ran
Gan daro'r nodau hud nes codi'r to
I fonllef torf Fienna neu Milan.
Ond glynodd wrth gadwyni'r gornel hon
Heb grwydro 'mhell tu hwnt i'w lled a'i hyd,
Ac er i'w ysbryd deithio'r ddaear gron
Fe garodd o y betws fwy na'r byd,
Ac yn ei ddyddiau llon a'i ddyddiau blin
Gwn nad y bar ond Nebo oedd ei win.

I Ddafydd Wyn

(yng nghyfarfod lansio'i gyfrol *Cribinion*,
yn y Babell Lên yn y Bala, 2009)

Ddafydd dragywydd ifanc,
Ein llyw hoff, a chyfoeth llanc
Rhagor na phedwar ugain
Yn ei gof yw'r gyfrol gain;
Llais gwâr o odre'r Aran,
Llais y gwyllt a llais y gwan,
Dafydd Nanmor i'w gorun,
Yn ei glec mae Guto'r Glyn,
A'r mwynder sydd yn erwau
Ei Ddyfi'n ei gerddi'n gwau;
Gwau mae athrylith y gŵr
I ieithwedd yr amaethwr,
A hir bo llu'r babell hon
Yn mwynhau gorau'i gwron,
Ac na ddoed nerth rhyferthwy
I bylu ias Dei Blaenplwy'.

I gofio Ithel

Mae adwy o'i ymadel – a hiraeth
    Am ei eiriau tawel,
    Fe aeth y mwynaf Ithel,
    Yr hen ffrind, heb 'run ffarwél.

I gofio Elfed Lewis

Yr oeddwn wrth dy roddi – yn y bedd,
    Elfed Bach, yn sylwi
    Bod alaeth ein hiraeth ni
    Yn niwlen dros Breseli.

Ieper
(wrth fedd Hedd Wyn, Hydref 1996)

Y mae o hyd adar mân – yn trydar
    Lle bu troed y gigfran,
    A hedd y gelanedd lân
    A'i afael dros y cyfan.

Edryd
(i gofio fy nghefnder a fu farw yn 45 oed)

Ni ddaw gwae na beichiau'r byd – na henaint
    Eto'n boen i Edryd,
    Brau ei we a byr ei hyd
    Yw edefyn rhwng deufyd.

Cofio

Er mor felys y gusan, – ti a mi
A'r môr dan y lloergan,
Wedi mynd mae'r tywod mân
O nos Sadwrn Cefn Sidan.

Llongyfarchiadau

Roedd y cyfan o'u sganio – yn gyfeb,
Rhaid llongyfarch Waldo,
Yr hen hwrdd, daw i'w ran o
Erotig dymor eto!

Grav

Yr oedd ei wlad a'i Strade – yn uno'n
Llawenydd ei ddagre,
A'i ffrwydrad ysgarlad e
Yn wên yn ein calonne.

LINDA GRIFFITHS

Magwyd Linda ar fferm Pen-y-bryn, rhwng pentrefi Pontrobert a Meifod yng ngogledd Maldwyn. Fe'i haddysgwyd yn Ysgol Gynradd Pontrobert ac Ysgol Uwchradd Llanfair Caereinion, cyn iddi fynd i'r Brifysgol yn Aberystwyth i astudio Cymraeg ac Addysg.

Ar ôl iddi raddio, ymgartrefodd ym Mhenrhyn-coch ar ddechrau'r wythdegau ac erbyn hyn mae'n byw ar ddyddyn ym mhentref Pen-bont Rhydybeddau, ger Aberystwyth. Mae ganddi dair o ferched – Lisa, Gwenno a Mari, ac mae'n gweithio ar ei liwt ei hun fel cyfieithydd proffesiynol.

Bu'n aelod o'r grŵp gwerin Plethyn gyda'i brawd, Roy, a'i chymydog, Jac, am flynyddoedd lawer. Mae Linda'n dal i ganu'n achlysurol (gyda'i thair merch), ac mae wedi rhyddhau pedwar casgliad o ganeuon fel cantores unigol.

Bu'n un o gyflwynwyr y rhaglen deledu *Cwmni Hon* ar S4C Digidol, yn Ohebydd y Canolbarth ar un o raglenni boreol Radio Cymru, yn ogystal â chyflwyno'i rhaglen ei hun ar nos Sul.

Nid yw'n ei hystyried ei hun yn fardd o unrhyw fath, ac mae'n teimlo ei bod yn fraint aruthrol felly i gael cyfrannu at y gyfrol hon.

Digon yw digon

Ganwyd David yn 1887 yn blentyn llwyn a pherth,
Heb freintiau i'w enw, mi dreuliodd ei febyd yn brwydro i brofi ei werth,
Symudodd pan briododd â Blodwen yn denant i dyddyn Bwlch Bach,
Ac yno y magodd ei deulu, yn daeog a gwas bach i'r crach.

Bu'n ddiwrnod hir yn y cnaea', bu'n slafio ers toriad gwawr,
Yn chwysu yng ngwres mis Gorffennaf am geiniog a dimai yr awr,
Pan aeth adre yn hwyr am ei swper, penderfynodd sefyll ei dir,
A phan alwyd o'n ôl gan y landlord, roedd neges David yn glir.

Cytgan:
    Digon yw digon o blygu a bod yn was bach,
    Digon yw digon o godi fy nghap i'r crach,
    Dwi'm am ildio'r tro hwn i awdurdod, dwi am sefyll a herio'r drefn,
    Does gen i ddim cyfoeth, does gen i ddim tir,
    Ond mae gen i asgwrn cefn.

Daeth neges yn ôl fore trannoeth bod y landlord 'di pennu'i bris,
Ac roedd David a'i deulu i adael Bwlch Bach cyn diwedd y mis,
Ond cynigiodd cymydog caredig Wern-bont yn gartre bach clyd,
A thrwy sgrimpio a safio pob ceiniog, yn raddol mi ddaeth tro ar fyd.

Cyn diwedd ei oes, roedd David yn berchen ar ddwy fferm ei hun,
A hynny heb ildio i'r crachach na phlygu i 'wyllys 'run dyn,
Gadawodd ddarn bach o'r hen ardal i'w blant a'u plant nhw ei fwynhau,
A heddiw mewn cornel o Faldwyn, mae'r etifeddiaeth hon yn parhau.

A dyna ichi stori David, a heriodd y drefn un min nos,
Ac mi ganaf fy nghân gyda balchder dros safiad taid Pen-rhos.

Gwybod bod 'na fory

Mae'r diwrnod wedi darfod, dwi'n tynnu'r llenni i lawr,
A lleuad oer mis bach yn creu patrymau ar y llawr,
Wrth roi fy mhen i orffwys ar obennydd oer
Mi wela' i dy wyneb yng ngolau gwan y lloer.

Cytgan:
    Mae gwybod bod 'na fory yn ddigon da i mi,
    Cysga'n dawel heno – dwi yn dy ymyl di.

Edrycha di drwy'r ffenest, mae'r sêr fel rhif y gwlith,
Edrycha arnynt eto, dwi yno yn eu plith,
Y seren wib sy'n disgyn ac yn sleifio drwy y llen
I wylio dros dy wely nes daw y nos i ben.

Mae alaw hen hwiangerdd yn llenwi'r gwacter du,
Yr alaw genais ganwaith i leddfu'th ofnau di,
Mae'n sibrwd ar yr awel bod dim i'w ofni mwy,
A'i 'hwian, hwian' heno yn gysur i ni'n dwy.

Daw enfys hardd yfory i liwio'r oriau llwm
A thewi cri'r dylluan unig hyd y cwm,
Ond nes daw'r fory hwnnw, dwi'n lapio 'mreichiau'n dynn
Yn flanced glyd amdanat nes daw y bore gwyn.

Ôl ei droed

Mi ddaeth hi'n gaenen eto ar lethrau Pen-y-bryn,
Mae Cae Tŷ Ffwrn a'r Gadlas dan gwrlid trwchus gwyn,
Dwi'n lodes fawr yn helpu, a finne bron yn saith,
Fy llaw yn gynnes yn ei law ym mhoced ei gôt waith.

Wrth groesi dros y weirglodd dwi'n dilyn ôl ei droed,
Gan synnu at wisg newydd canghennau noeth y coed,
Ac mae hi'n anodd weithie trio bod yn lodes fawr,
A thrio 'mestyn coesau bach i ddilyn camau'r cawr.

Rhaid cael sgwrs efo Gwynfryn a rhoi y byd yn ei le
Cyn iddo fynd am adre i'r Dyfnant am ei de,
Mae'n llonydd tua Llaethbwlch, yn dawel hyd y fro,
O'r Rhos i Greigiau Farchwel, mae'r wlad i gyd dan glo.

Mae'n amser troi am adre, a'r dydd yn troi yn nos
Wrth inni grensian lawr Bryn Ifan a heibio Sgubor Rhos,
Mae 'nghoesau'n dechrau blino nes clywed 'Sweet the Boy',
Wrth ddringo dros y gamfa am adre trwy Cae Lloi.

Mae'r hen gôt waith yn segur ar fachyn erbyn hyn,
Ac oerodd gwres y dwylo mewn storm o eira gwyn,
Ond pan ddaw haul y gaeaf trwy frigau noeth y coed
Mae ôl ei draed yn yr eira gwyn mor eglur ag erioed.

Penbryn (cyfarwyddiadau i'r merched)

('Dwi wedi gofyn i'r merched chwalu fy llwch
ar gaeau top Pen-bryn')

Mi af yn ôl rhyw ddiwrnod
Pan ddaw pob dim i stop,
Caf grwydro unwaith eto
Ar hyd y caeau top.

Dewiswch ddiwrnod gwyntog
A thaflwch fi i'r nen
Rhag ofn i ddefaid Barrie
Neud eu busnes am fy mhen.

Calon

(petai Cymru'n gorff dynol, ym Maldwyn fyddai'r galon)

Wrth sefyll ar fryniau fy mebyd,
Mi deimlaf yn ddwfn dan fy nhraed
Galon y genedl yn curo
Yn ddirgel, di-stŵr, a di-baid.

Ces fy hudo gan swyn yr arfordir,
Gan yr ewyn a'r wylan a'i chri,
Ond yma ym mryniau fy mebyd
Mae curiad fy nghalon i.

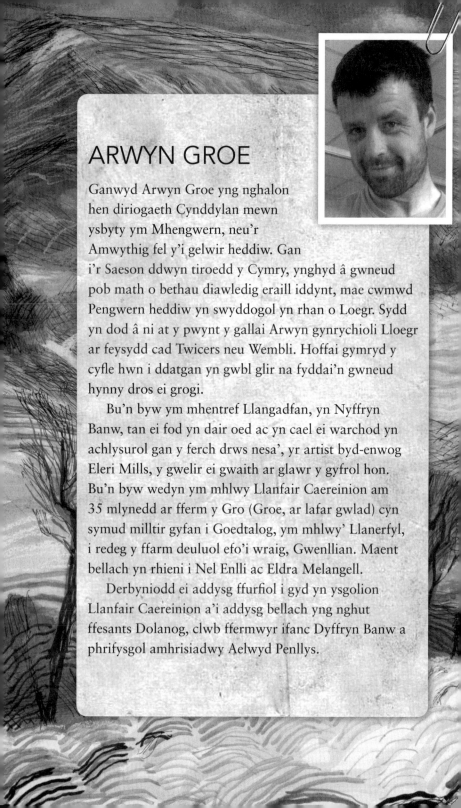

ARWYN GROE

Ganwyd Arwyn Groe yng nghalon hen diriogaeth Cynddylan mewn ysbyty ym Mhengwern, neu'r Amwythig fel y'i gelwir heddiw. Gan i'r Saeson ddwyn tiroedd y Cymry, ynghyd â gwneud pob math o bethau diawledig eraill iddynt, mae cwmwd Pengwern heddiw yn swyddogol yn rhan o Loegr. Sydd yn dod â ni at y pwynt y gallai Arwyn gynrychioli Lloegr ar feysydd cad Twicers neu Wembli. Hoffai gymryd y cyfle hwn i ddatgan yn gwbl glir na fyddai'n gwneud hynny dros ei grogi.

Bu'n byw ym mhentref Llangadfan, yn Nyffryn Banw, tan ei fod yn dair oed ac yn cael ei warchod yn achlysurol gan y ferch drws nesa', yr artist byd-enwog Eleri Mills, y gwelir ei gwaith ar glawr y gyfrol hon. Bu'n byw wedyn ym mhlwy Llanfair Caereinion am 35 mlynedd ar fferm y Gro (Groe, ar lafar gwlad) cyn symud milltir gyfan i Goedtalog, ym mhlwy' Llanerfyl, i redeg y ffarm deuluol efo'i wraig, Gwenllian. Maent bellach yn rhieni i Nel Enlli ac Eldra Melangell.

Derbyniodd ei addysg ffurfiol i gyd yn ysgolion Llanfair Caereinion a'i addysg bellach yng nghut ffesants Dolanog, clwb ffermwyr ifanc Dyffryn Banw a phrifysgol amhrisiadwy Aelwyd Penllys.

Dafydd Wyn

Llinell ddwys fel bwyell ddaeth –
A honno fu'r gwahaniaeth.
A daeth fel bwled wedyn
Eiriau doeth o enau'r dyn.
Dafydd Wyn a'i englyn o.
A'r ias. Awen trac rasio,
A chlec ar glec yn clecian
Gan y gŵr yn egni'i gân.

Guto Nyth Brân cynghanedd,
Arwr glew peryg ei gledd.
Usain Bolt ymryson beirdd –
Y prawf i brofi Prifeirdd.
Yn Linford Christie'n llinell,
Daw bollt ei ergyd o bell.
Ein rhedwr gorau ydyw –
Alan Wells yr englyn yw!

Ceiliog cyflym o'r blocie – a chamau
　　Chwimwth y talyrne,
　Gŵr moes yr ysgarmese,
　Henwr llesg cyflyma'r lle.

Er hyn oll, mae'n sprintyr ni
Yn ddyfal fel y Ddyfi.
Yn y ras, ymlaen yr â
A'i hen afon a lifa.

Awdur Bro

(ar gyfer lansiad cyfrol *Bro* Emyr Davies, Llys Mwyn)

Y deifiol, ffraeth ei dafod,
Hen, hen dân sydd heno'n dod
I roi hwb er gwaetha'r hin
I fflamau geiriau gwerin
A throi'r iaith, er gwaetha'r ias,
Yn iaith twymo cymdeithas.

Dihareb o undebwr,
Yn ei 'Lys' gwerinol ŵr.
Y gŵr mwyn nad oes ffrwyno
Ar ei farn hynod gref o!

Ar y maes, parhau mae ias
'Sgrifbin y werin eirias.

Y Kwricwlwm Kenedlaethol

Mae hanes fesul mynwent
Mewn bedd o Wynedd i Went.
Hadau'r ŷd a blodau'r drain
Sy'n ein hanes ein hunain.
Dynion di-sôn-amdanynt
Ar goll yng nghryfder y gwynt.

I wlad yn llawn blodau'n llên,
Hwthio yma ei thomen
Llawn sbwriel a wna'r gelyn,
Hwthio'i dig i'n gerddi gwyn;
Dwyn rhodres ei hanes hi
i gaer yn llawn o gewri.

Er deud a deud nad ydi
Hanes Sais 'mo'n hanes i,
Mae hadau gaiff eu medi

Yn tyfu 'Nghymru o hyd,
A thyfiant celwydd hefyd
O egin bach, daga'n byd.

Gyr yr euog swyddogion
Yn un lli ein plant yn llon
I gelwydd ein hysgolion.

Ym mrad ein dosbarthiadau
Y mae un hil yn mwynhau
Rhannu hanes brenhinoedd

Ei gwlad ei hun, gwlad a oedd
Yn anfon cyrchoedd enfawr
I'n dwrdio a'n llarpio i'r llawr.

Hanes Lloeger sy'n berwi
Yn niwl ein hysgolion ni.

Yn gaeth i'w fersiwn o'r gwir
Na oedwn, awn i godi'r
Werin, heriwn anwiredd
A rhoi i bawb eiriau o'r bedd.

Heriwn y celwydd hwnnw –
Gwir ein hil, neu'i geiriau nhw?

Mynnaf, d'wedaf nad ydi
Hanes Sais 'mo'n hanes i.

Diolch *Yr Ysgub*
(i Robin a Mona)

Rhag i hin gwlyb droi ysgubau – yr ŷd
    Yn rhai wast drwy'n caeau,
    Hel i'n cert a'r niwl yn cau
    Mae arwyr y Cymerau.

Heno, gwegian mae'n hydlannau – euraidd
    Oherwydd nosweithiau
    Hwyr y gwaith mewn her o gae;
    Y cae mawr, y Cymerau.

Emrys
(er cof am y prifardd Emrys Roberts, Llanerfyl)

Heriaist i fêr dy eiriau – â thafod
    Eithafol ar brydiau;
    Yn dy her rhoist i do iau
    Reg a thân i'r gwythiennau.

Colli Gwynfor Buarthbachog

Fe rannodd Gwynfor inni – ddewiniaeth
    Hen ddoniau â'i asbri,
    Nes aeth Gwynfor a'i stori
    Heddiw'n ôl o'n cyrraedd ni.

Leanne

Y Rhondda sy'n her ynddi, – y Cymoedd
 Sy'n cymell ei hasbri,
 Aeth arwriaeth Eryri
 Yn un tân drwy ei gwaed hi.

Linda

(Linda Gittins, Dolanog, yn hanner cant)

Hanner canrif o lifo – fu arnom;
 A'r Efyrnwy honno
 Yn llaw hon a fu'n llunio
 Alawon ceinion ein co'.

Elw

Ni weli raib fy ngheibio, – ni weli'n
 Fy waled y creithio;
 Wylo o waed; ond sylwa O'n
 Fanylach ar fy nwylo.

CYRIL JONES

Brodor o Geredigion yw Cyril yn wreiddiol ond treuliodd dros ddeng mlynedd ar hugain yn byw ac yn gweithio ym Maldwyn. Bu'n athro Cymraeg yn Ysgol Bro Ddyfi yn ogystal â thiwtor gyda Chymdeithas Addysg y Gweithwyr a bu'n byw yng ngorllewin a dwyrain y sir yn sgil y swyddi hyn. Ymhlith y cyfrolau a gyhoeddodd am ei sir fabwysiedig mae *Calon Blwm* (1994) sy'n olrhain hanes y gwaith plwm yn Nylife, a *Maldwyn* (2003) sy'n cyflwyno hanes cyffredinol yr ardal.

Enillodd y goron yn Eisteddfod Genedlaethol Ceredigion, Aberystwyth yn 1992 am gasgliad o lythyr-gerddi ar y thema 'Cyfannu'. Cyhoeddwyd ei gerddi mewn nifer o flodeugerddi dros y blynyddoedd ac yn 2012 cyhoeddwyd ei gasgliad cyntaf o gerddi, *Eco'r Gweld*, gan Gyhoeddiadau Barddas. Ar hyn o bryd mae'n cydweithio â Philip Huckin, arlunydd sy'n byw yn ei hen gartref ym Mhennant, ar gyfrol o farddoniaeth, lluniau ac ysgrifau yn seiliedig ar hanes a thraddodiadau llafar Dyffryn Arth, ei ddyffryn genedigol.

Mae Cyril yn ddarlithydd Ysgrifennu Creadigol a thiwtor oedolion rhan-amser ym Mhrifysgol De Cymru ar gampws Trefforest, ger Pontypridd.

Cyfarchiad – Seremoni Cyhoeddi Prifwyl Maldwyn a'r Gororau

(y Drenewydd – 5 Gorffennaf 2014)

Dychmygwch dad yng nghaban ei lorri
ar hast ei hewl fawr, yn ddall i bob 'fory,
yn cludo'r tarmacadam fyddai'n llyfnu ffyrdd geirwon
Welshpŵl ei fan draw, 'nôl i'w Geredigion.

Dychmygwch fab y tu ôl i'w lyw yntau,
wedi cyrraedd y fory oedd tu hwnt i gloddiau'i
dad gynt – ar hyd hewl lefn, ger glannau Dyfi
yn mynd tua'r sir, y tir fyddai'n tyfu
o'r môr i Glawdd Offa yn ara, gan ei ddirwyn
ar droell y blynyddoedd yn fudwr i Faldwyn.

Dychmygwch e'n pyslo iaith plantos yn rhesi,
nage, wir, iaith cogie a lodesi.
Pwy yw Beni, syr? Ie, iawn, iawn, ydych chi wedi *diwedd*,
Dew, syr, ond ydi iaith sir y Cardis yn rhyfedd!
Tra'i fod e'n disgwyl yn eu canol am ateb,
bydden nhw yng nghianol y patsh, yn gweitied.

Wedyn plymio i ddyfnderoedd siafftiau isaf
ei chalon blwm, pori'r blewyn glasaf
ar ddôl ei ddoe hi, ailnyddu ei gwlanen,
ei chludo â'i chaledi hyd lannau Hafren.

Aildanio gwrthdaro y Siartwyr – a'u hadlais
yn codi arf a llef am gyfiawnder a phleidlais.
Waeth pobol o'r tu fas fu'n ei labelu â'u cleber
yn wlanog o glên, yn Faldwyn o fwynder.

Dychmygwch Dardis ar y Maes, 'di glanio fel gwennol,
gan ddod ag Ann a Gwerful ac Owain o'r gorffennol,
S. R. a'r personiaid llengar yn camu oddi arno,
ynghyd â Murray'r gangster, gynt o Garno.

Ymhlith aelodau'r Orsedd, byddai dadlau go arw.
Ym mha liw y dylid urddo'r rhain – a fu'n farw?
A byddai'r pwyllgor cyllid – ac Elfed – wrthi'n malu,
am nad oedd y cwmwl tystion wedi talu.

Dychmygwch fyw ger ffin hen, hen linach,
lle trodd y gwynt, fel yr iaith, dipyn yn feinach,
gan ddal ati i siarad eich heniaith eich hunan;
do, bu angen mwy na mwynder yn darian.

A dychmygwch bob llyw yn ei throi hi am Feifod,
tua'r hardda' lle y gallwn ei nabod,
a hwnnw yn agor yn llydan ei ddorau,
wrth groesawu gwawr arall i dir y gororau.

Trefeicio

Grange End, dyna, credai, iddo'i glywed dros ffôn Swyddfa
Groeso Talgarth. Onid yno, tybiai, wrth wasgu'r
pedalau i wthio'r beic yn ei flaen a'r cof yn ôl
i ryw ddoe Calfinaidd – dros riwiau Pontsticill,
heibio'r gronfa ac olwyno trwy Lanfihangel Tal-y-llyn
a Threfeca – onid yno y clywodd Pantycelyn Harries
yn pregethu? Neu falle taw Rowlands glywodd Pantcelyn?
Ta waeth, 'rôl cyrraedd, sylwodd mai'r mwngrel Craig *End*
oedd ar lech yr arwydd. Rwyt ti yno, meddyliai – tre'r
tröedigaethau. Rhai'n wyrthiol, yn digwydd dros nos;
y lleill yn araf, yn gwmws fel petai gan amser y gallu
i newid gêr yn ôl y galw. *Grange End,* Craig *End,* nôl
i Ben-y-graig siŵr o fod. Yn ei wâl unnos, drannoeth,
cyn brecwast, fe'i haralleiriodd eto – y graig ddaeth i ben.

Cyfarchiad (Hugh Pughe, Gwernawel, Darowen)

I'r clyw daw'r storïwr clên – yn siriol,
daw'n saer pob crefft gymen,
yn hael trwy niwl a heulwen
ei naw deg oed, daw â gwên.

'Cyn torri'r llinyn arian'
(i waith Eleri Mills)

Yn nhir y llinyn arian
hanner gwir yw lluniau'r gân,
dieiriau yw ei stori,
curlaw yw ei halaw hi.
Arch coed bythwyrdd am furddun –
hanner lloer yw amdo'r llyn;
yn nwfwr hwnnw hefyd
obry'n ei fol, mae bro'n fud.
O'r diwedd, 'dafedd y daith,
honno fu'n pwytho'r heniaith,
oddeutu sy'n ymddatod
a'u dawn hwy'r gwladwyr di-nod:
ust oer, lle bu nos a dydd
eu bugeilio bwygilydd.

Yn nhir yr hanner arall
mae cwm y bwrlwm di-ball
yn wthio taer o groth tir,
yn oleuo a glywir;
mae hen awen fenywaidd
yn fframio ffridd fferm a phraidd
ei gwaddol, gwau i'w heddiw
adlais y llais sy 'mhob lliw.
Ym mhwythau hon mae iaith iau
yn esgor o hen dasgau
drachefn; ym mhaent a defnydd
ei gwaith cain mae gobaith cudd
yn rhoi gwaedd yn lluniau'r gân
yn nhir y llinyn arian.

Golwgydre Lane

(yn y Drenewydd)

Mae hi yno fel darn o ddoe – ar ôl.
Ganllath o hyd, lle mae heddiw'n hollbresennol
yn stadau tai a ffyrdd – yn ei chladdu o'r golwg
yn y dre. Wtra fach dan eu gwg
a fedyddiwyd rywbryd gan chwys cerddwyr
a gâi gip cyntaf ar le. Ond nawr mor ddisynnwyr,
hyd yn oed i ni, yr un o bob deg sy'n deall
yr ystyr a blannwyd gan ryw oes arall.
Hynny, cyn i'r haint groesi'r afon ac epilio
yn frech frics. A rhoi gwynt dail a sŵn nant am byth dan glo …
Y meddyliau hyn sy'n cydredeg â'r sawl sy'n rhoi her
drwy gadw'n heini – i'w hunan, ac yn wir i amser.
Drwy we'n byd, ym mhob cwr, maen nhw'n edrych mor od:
y darnau sydd â'u henwau wedi rasio'u hanfod.

Adleisiau Dylife (detholiad)

Hwythau yn myned heibio,
Ar eu diddychwel hynt,
Gan ildio'r llwyfan uchel
Yn ôl i'r glaw a'r gwynt.

'Dylife', I. D. Hooson

Dros glawdd gardd,
saith milltir o'r pentref,
y dechreuodd drama'r daith
ar donfeddi Dylife'i dafodiaith.

Ei angerdd yn dringo'n ôl
dros drothwy grid gwartheg y presennol
ger Cae Eitha,
dros Riw Saith Milltir a'r Grafie ar ei hynt,
a'i fegin,
erbyn hyn,
yn beiriant byrwynt.
Blynyddoedd serth yn ei lenwi â sêl
ac yntau'n ailddodrefnu'r 'llwyfan uchel'
â fflowrin, addoldai, tafarnau a rhodau dŵr;
â seiniau plant yn chwarae, Cwm yr Injin a'i ddwndwr;
ei oleuo â chanhwyllau a golau haul ffydd
rhwng golygfeydd shifftiau wythawr,
cyn cloi, dan ddaear, bob goleuddydd.

Ei ailboblogi â mwynwyr, morynion, cariadon,
perchnogion llygadog – a'r llofrudd, Siôn* ...
a'r llais bellach ar garlam ei gerrynt
ac yn ei lawn hwyliau dan rym ei ail wynt.
Yno, dros glawdd gardd,
fel rhyw gyfarwydd o gyfarwyddwr,
yn oroeswr bloesg a dreuliodd orig yn ei elfen,
cyn troi'n ôl i'w dŷ, gan gau'r drws
fel cau llen.

*Yn ôl chwedl leol, llofruddiodd Siôn y Gof ei wraig a'i blant a
chafodd ei grogi ar Ben y Grocbren, Dylife. Ond yn ôl hen faled a
chofnodion y llys, gwraig i arddwr oedd hi – ac roedd Siôn yn un o'i
chariadon pan oedd e'n byw yng Ngheredigion.

DAFYDD WYN JONES

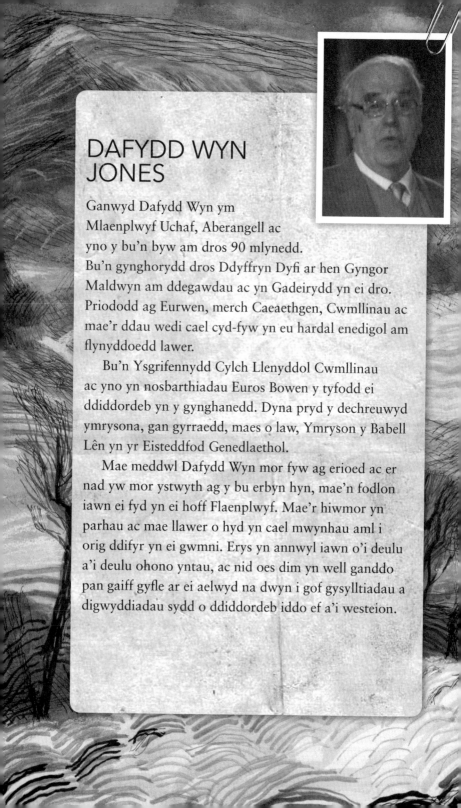

Ganwyd Dafydd Wyn ym Mlaenplwyf Uchaf, Aberangell ac yno y bu'n byw am dros 90 mlynedd. Bu'n gynghorydd dros Ddyffryn Dyfi ar hen Gyngor Maldwyn am ddegawdau ac yn Gadeirydd yn ei dro. Priododd ag Eurwen, merch Caeaethgen, Cwmllinau ac mae'r ddau wedi cael cyd-fyw yn eu hardal enedigol am flynyddoedd lawer.

Bu'n Ysgrifennydd Cylch Llenyddol Cwmllinau ac yno yn nosbarthiadau Euros Bowen y tyfodd ei ddiddordeb yn y gynghanedd. Dyna pryd y dechreuwyd ymrysona, gan gyrraedd, maes o law, Ymryson y Babell Lên yn yr Eisteddfod Genedlaethol.

Mae meddwl Dafydd Wyn mor fyw ag erioed ac er nad yw mor ystwyth ag y bu erbyn hyn, mae'n fodlon iawn ei fyd yn ei hoff Flaenplwyf. Mae'r hiwmor yn parhau ac mae llawer o hyd yn cael mwynhau aml i orig ddifyr yn ei gwmni. Erys yn annwyl iawn o'i deulu a'i deulu ohono yntau, ac nid oes dim yn well ganddo pan gaiff gyfle ar ei aelwyd na dwyn i gof gysylltiadau a digwyddiadau sydd o ddiddordeb iddo ef a'i westeion.

Maldwyn (dal dy dir)

Y sir ar y Gororau,
O'r siroedd hi yw'r orau,
Er dioddef llawer cystudd hir
Bu'n 'dal ei thir' drwy'r oesau.

Ni allodd sawl celanedd
Na'r cyrchoedd yn oes Heledd
Â llwyr ddifrodi yr hen sir,
Fe 'ddeil ei thir' i'r diwedd.

Ni lwyddodd oerwynt Pengwern
I ddiffodd fflam ei llusern,
Ac er mor gryf ac oer ei ias
Mae 'blewyn glas' 'Nhafolwern.

Ni fu i Awst a'i lanw
Orlifo Dyffryn Banw,
Bu'n 'dal ei dir' am amser maith
A'r iaith yn dal ynghadw.

Os bu i iaith Amwythig
Ymdreiddio hyd Langurig,
R'ym ni yn daer i'w chadw hi
Rhag croesi Bwlch Talerddig.

Mae gweddill eto'n ddyfal
Yn hybu'r iaith a'i chynnal,
'Mae Cymru'n fyw yn Esgair Llyn'
A'r delyn ym Mathrafal.

A phan ddaw yr Eisteddfod
I gyrrau pentref Meifod,
Un neges fydd yn eithaf clir –
Rhaid 'dal ein tir' mewn undod.

Y Barcut Coch

Yn yr awyr eryr wyt,
Ar d'adain Concorde ydwyt;
Ond adyn o ddyn a ddaeth
A drygu dy diriogaeth.

I wylio dy wehelyth
Eto'n ewn doi at dy nyth,
I wylio awr dy amlhau –
Yr awr deor dy wyau.

Heini wyt unwaith eto
A chwafrio wyt uwch dy fro,
Y mae bost ymhob ystum
A llach yn dy lygaid llym.

Llawdriniaeth

Arwr y da, 'rhen darw du, – yn fustach,
    Bu'n feistar y beudy,
  Ni all hwn 'rôl cyllell hy
  Huw Geraint mwyach garu.

Robert Owen, y Drenewydd

O Fro Hafren ei eni – y teithiodd
    At weithwyr mewn cyni,
  I Lanark â'i oleuni
  A mynnu i'w waith 'Harmony'.

Unigrwydd

Heddiw nid rhyw henwr diddos – ydwyf,
    A 'nghyfoedion agos
  Wedi mynd, nid oes dim os,
  Mae 'na hiraeth mewn aros.

Machlud

Aur wawl ar orwel a'r haul ar wyro,
Bu beirdd aneirif yn ei ddisgrifio,
Pleser i lawer a fu ei liwio
A'i roi ar ganfas bu sawl Picasso,
Ond arall hud machludo i Twm y gwas,
Ei benna' solas yw cael noswylio.

Aled Wyn yn ennill y Rhuban Glas

Aled Wyn, dy alaw di – a bair ias,
    Daeth i'r brig eleni,
    Yn y fro hon mawr dy fri,
    Yr wyt ein Pavarotti.

PRYDERI JONES

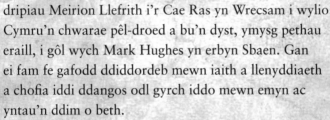

Daeth Pryderi Jones i'r byd yn
Aberystwyth a chafodd ei fagu yn
Llansannan, Dyffryn Clwyd ac yna
ym Mangor. Aeth ei dad ag ef ar
dripiau Meirion Llefrith i'r Cae Ras yn Wrecsam i wylio
Cymru'n chwarae pêl-droed a bu'n dyst, ymysg pethau
eraill, i gôl wych Mark Hughes yn erbyn Sbaen. Gan
ei fam fe gafodd ddiddordeb mewn iaith a llenyddiaeth
a chofia iddi ddangos odl gyrch iddo mewn emyn ac
yntau'n ddim o beth.

Symudodd i'r canolbarth wedi iddo briodi merch o
Lanbryn-mair, a bellach mae'n treulio ei ddyddiau ym
Maldwyn yn dysgu yn Ysgol Uwchradd Caereinion lle
mae ganddo gyfrifoldebau arswydus. Pe byddai ei dŷ
yn mynd yn wenfflam, byddai'n achub Nia'r wraig, y
plant, Non ac Efa (y mae'n eu galw'n 'pennau iPod'),
Cadi'r ci, ei fedalau bach pêl-droed a'r rhai am sgwennu
yn Eisteddfod Bro Aled, y ddwy goron a enillodd am
sgwennu rhyddiaith yn Eisteddfod Powys 2004 a 2011,
Stôl Stomp Tegeingl 2012, y lluniau ohono ar dramp yn
Ne America ers talwm a phe bai amser, y crys pêl-droed
Cymru wedi ei lofnodi sydd ar fur y parlwr. Pan mae'n
glir, mae'n gweld Cadair Idris a'r Aran Fawddwy o'r tŷ.

Pennill i Gyngor Sir Powys

(ar achlysur cau ysgolion y sir cyn i'r eira ddod, 1.2.09)

Eira rhyfedd gwympodd neithiwr,
Eira du ar hyd y ffyrdd;
Eira glas ar ben to'r car
Ac yn y cae mae eira gwyrdd!

Pypedau (à la T.H.P.-W.)

Pypedau ydym ar lwyfan bywyd
A bysedd ffawd yn ein troi a'n symud.

Fe'n tynnir ffordd hyn, fe'n llusgir ffordd draw
Ar linynnau brau llawn dychryn a braw.

Pypedau ydym, pypedau pren
Ar lwyfan am ennyd, cyn cau'r llen.

La Rochelle, Ffrainc, haf 2010

(i Nia, Non ac Efa)

Gwyn eu byd yn La Rochelle
A'u gwalltiau'n dresi melyn,
Yn hela crancod yn yr haul
A physgod bach a chregyn.
Yn La Rochelle mae'n wyn eu byd.

Gwyn eu byd yn La Rochelle
A lliw yr haul fel pupur
Ar drwynau bach a dwylo glân
Yn siocled mân a sinsir.

Gwyn eu byd yn La Rochelle
Mewn llian cynnes, clyd,
A dwylo mam yn lapio'n dynn
Mor wyn, mor wyn eu byd.

Gwyn eu byd yn La Rochelle
Yn ddistaw bach yn cysgu,
Hen ŵr y lloer a sêr y nen
Ac ysu mawr am 'fory.

Gwyn ein byd yn La Rochelle
Yn gweld trwy lygad plentyn,
A hela crancod yn yr haul
O na bai yn ddiderfyn!
Yn La Rochelle mae'n wyn ein byd.

Limrig yn ymwneud â gwair

Gwair rhyfedd a dyfai Hedd Bleddyn,
Fe'i gwerthai i Gwilym – i'w getyn,
'Mae'r mwg yma'n felys,'
Meddai Ann yn reit hapus,
'Fe hoffai Dafydd Wyn gael rhyw fymryn!'

Ara deg

Hen, hen falwen grydcymalog
Mewn tarmac gwlyb a gludiog, gludiog,
Symudai hon yn slo, slo, slo,
Ond tipyn cynt nag Arwyn Gro.

Sêr Glantwymyn

(diolch i ddwy athrawes am berswadio'r plant i gystadlu yn steddfodau'r Urdd a hwythau'n blant bach pedair neu bump oed)

Diolch i chi, Magwen,
Am gael Non ni o'i chragen.
Roedd hi'n gragen galed
Ac roedd angen gordd, morthwyl neu faled
I'w hagor.

Diolch i chi, Menna,
Am gael Non ni i sefyll yna.
Nid yw'n ddim llai na gwyrth
Fel y wawr a'r machlud neu fel y syrth
Y sêr.

Diolch i chi, Magwen,
Am gael Efa ni o'i chragen.
Dydy'n poeni'r un ffeuen yn awr
Lle cynt roedd hi'n fferru a'r llwyfan yn fawr
Fel Cadair Idris.

Diolch i chi, Menna,
Am gael Efa ni i sefyll yna.
Nid yw'n ddim llai na rhyfeddod
Fel tro'r planedau, galaethau a dibendrawdod
Y bydysawd.

Diolch am y cwbl,
Am reswm arall i yfed dwbl
Yn y Dyfi.
'Dan ni mor ddiolchgar ichi.

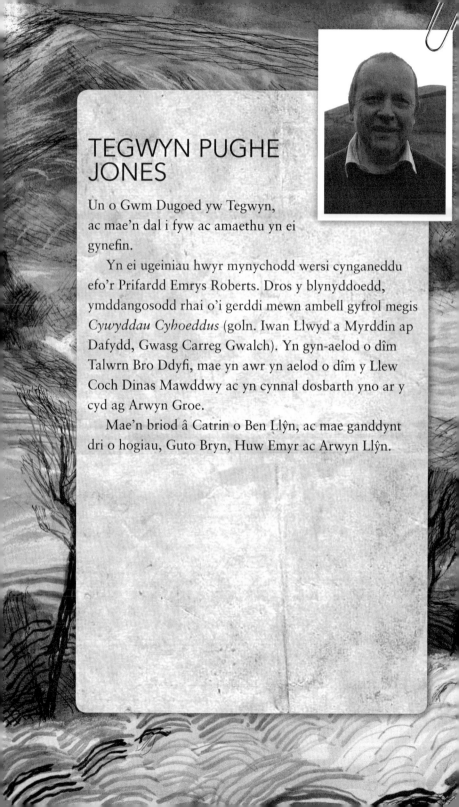

TEGWYN PUGHE JONES

Un o Gwm Dugoed yw Tegwyn, ac mae'n dal i fyw ac amaethu yn ei gynefin.

Yn ei ugeiniau hwyr mynychodd wersi cynganeddu efo'r Prifardd Emrys Roberts. Dros y blynyddoedd, ymddangosodd rhai o'i gerddi mewn ambell gyfrol megis *Cywyddau Cyhoeddus* (goln. Iwan Llwyd a Myrddin ap Dafydd, Gwasg Carreg Gwalch). Yn gyn-aelod o dîm Talwrn Bro Ddyfi, mae yn awr yn aelod o dîm y Llew Coch Dinas Mawddwy ac yn cynnal dosbarth yno ar y cyd ag Arwyn Groe.

Mae'n briod â Catrin o Ben Llŷn, ac mae ganddynt dri o hogiau, Guto Bryn, Huw Emyr ac Arwyn Llŷn.

I Tom yr Erw

Ein prifathro, Plato'r plwy',
meddai ar holl gof Mawddwy;
cefn gwlad mewn dillad-pob-dydd
a ganai lwybrau'r gweunydd,
o olion Llwybr Llywelyn
heibio'r Ro at Blas-y-bryn.
Ei ddosbarth – buarth bywyd;
neb o bwys yn datgloi'n byd
a'i ymroi'n datgloi'n cefn gwlad.
Eleni dan ddylanwad
ein hathro bro cawn barhau
i raddio'n nysg ein gwreiddiau.

Amaethu

Er i'r ddogfen ddweud fod gennym yr hawl
i'r tir hwn, does awgrym
yn y grug o'n pwys a'n grym;
ei droedio tros dro'r ydym.

Ailgysegru Ffynnon Tydecho

O bori edrych bu rhywrai rywdro
(fel y gwnawn ninnau) â'u harfau'n cerfio
wyth-deg a chwech uwch Ffynnon Tydecho;
enw'r creawdwr a siant y credo
a welaf, rhywrai'n gwylio, a'r oesau'n
gwau rheffynnau dros ein hysgraffinio.

O graffu eto dan y graffiti
gwelaf fod adnod yn ei phenllwydni
a gwaed a dyrnau'r degawdau arni,
rhaff fwsoglyd sy'n nadreddu drwyddi;
hanes sy'n tagu'r meini, a chroes Crist
yn canu'n drist lle tyf y cen drosti.

Mae golau heddiw i'w hymgeleddu
ac atsain fain yn ymlwybro i fyny,
cymuned gyfan, y plant yn canu
a thad a mam sy'n igam-ogamu;
briallu byw'r llwybr lle bu Tydecho'n
danfon ei ddynion sy'n dal i ddenu.

Mae'r cynfyd a'i olud dan bob ceulan,
y tir yn torri a'r nant o arian
wedi cofio, ac yn dweud y cyfan,
a phawb yn morio yn atgo'r gytgan;
finnau wrthyf fy hunan yn amau
gair dyn a'i greiriau dan wg yr Aran.

Y tro olaf

Am un daith aethom ein dau
o ing ei wely angau
yn ei gar, a fi'n gyrru;
y bos yn eistedd lle bu
ei was bach mewn cadachau –
mynd un daith, dim ond ni'n dau;
treulio eto lwybrau'r haf,
a'u treulio y tro olaf;
gweld y wlad a ailhadodd
a'i thwf hi, roedd wrth ei fodd;
fe fynnodd weld terfynau
ddoe, a'i fyd pan ydoedd iau,
byd ieuanc, cyn difancoll;
cofio'n ôl, y cyfan oll
yn ei law, ond yn rhy lwyd
i'w ddweud; er na ddywedwyd
yr un gair, rhannu'n geiriau-
na-ddaw fesul un neu ddau
edrychiad. Roedd fy nhad nawr
â'i wyneb fel gwawr Ionawr,
yn welw, yn ddiolau;
munud oedd, aethom ni'n dau'n
ddiymadroddd am adref;
rhaid ffoi a throi tua thref,
mynd â'n dweud (dim ond ni'n dau)
heb ei weiddi i'n beddau.

A feirniadaf 'r hyn ydoedd?
Lle'r wyf yw'r funud lle'r oedd;
minnau 'nawr llawn mwy na neb
fowldiwyd gan gyfrifoldeb;
dau â'n rheffyn 'run ffunud,
dan ein iau o bwysau'r byd.

Grug gwyn

'Leni bum ar lan ei bedd,
mae hi 'leni'n ddeng mlynedd
ers ei cholli hi, mewn hedd yma mae
corff fy mam yn gorwedd.

Ond na, nid yw Nain yno.
Yn y grug, nid dan y gro,
yn llawn hwyl mae'n fy ngwylio â'r hogiau'n
hel grug wrth fugeilio.

Am i Awst led-ymestyn
am Fedi dôi hi fan hyn,
dôi hi i godi'r grug gwyn, ei anlwc
a'i lwc 'nôl o'i llecyn.

Dôi hi i'r nyth adre'n ôl
â hadau ein dyfodol,
yno bu'n gweini bywyd,
yno bu a gwyn ein byd;
canai hi i'r cywion hyn
yn ddi-ffafr, nid oedd ffefryn –

rhannai Mam i bawb 'run modd;
dan gysgod yno gwisgodd
ffedog ei byw diffwdan
yn ysgafn, ysgafn; mor wan
ei cherydd, cryf ei chariad;
a'i bron? Ni welsom y brad
na dagrau'r gwir fod grug gwyn
heb ei ryddid, heb wreiddyn,
yn marw; pan gymerwyd
Mam i'w bedd roedd Llechwedd Llwyd
yn llawn o flodau llynedd,
yn biws mor ddi-liw â'i bedd.

Nid yn ei bedd, ond yn bod
yn fy nghôl, yn fy ngwaelod,
yn rhannu'n awr yr hyn wyf
yn y byd; ei mab ydwyf.
Bydd a fydd, ei mab fyddaf,
yn hen gòg ble bynnag af;
a nain fy meibion innau
ddaw fel fy mlynyddoedd iau
yn ei hôl drwy y niwlen;
yma mae hi – yn fy mhen;
yn fy nghof erys gofal
am blentyn a dyn, rwy'n dal
yn dynn er nad yw yno
yn y grug na dan y gro.

DAFYDD MORGAN LEWIS

Daw Dafydd Morgan Lewis o blwy' Garthbeibio ym Mhowys, ardal sydd ar y ffin rhwng Sir Drefaldwyn a Sir Feirionnydd. Mab ffarm, (heb fod yn fawr o ffarmwr) yw Dafydd; aeth i Ysgol Dyffryn Banw, lle bu Emrys Roberts yn athro arno, ac yna i Ysgol Uwchradd Caereinion.

Bu ei deithiau addysgol a galwedigaethol yn rhai hynod drofaus, ond fe dreuliodd dros ugain mlynedd yn gweithio i Gymdeithas yr Iaith Gymraeg. Golygai hyn ei fod wedi byw am gyfnod hir yn Aberystwyth.

Methiant (un o lawer) fu ei ymdrech i feistroli'r gynghanedd, er iddo gael athrawon medrus fel Emrys Roberts, Ifor Baines a Vernon Jones. Er y diffyg hwn fe gafodd ei hun – a hynny ar ôl iddo ennill Stomp yn Aber unwaith – yn aelod o dîm Talwrn Tafarn y Cwps.

Mae wedi rhoi'r gorau ers tro byd i'w uchelgais gynnar i fod yn fardd ac wedi bodloni hyd yn hyn ar olygu dwy gyfrol o farddoniaeth – *Cymru yn Fy Mhen* (Y Lolfa), a *Cerddi Powys* (Gwasg Gomer). Bu iddo hefyd, ar y cyd gyda Rocet Arwel Jones, olygu *Y Byd a'r Betws*, casgliad o ysgrifau Angharad Tomos i'r *Herald Gymraeg*.

Erbyn hyn mae wedi ymddeol ac yn treulio'i amser yn y Llyfrgell Genedlaethol (Aberystwyth) a'r Cwpan Pinc (Llangadfan) – y ddau le mwya' diwylliedig yng Nghymru!

Y Pwyllgor

(dywedir i Lywelyn ein Llyw Olaf gael ei fradychu gan ei bobl
ei hun yng nghlochdy Bangor)

Nid oes agenda na chofnodion chwaith,
Dim ond rhyw frawddeg fer ar femrwn brau
I dystio am y cynllwyn roed ar waith
Yng nghlochdy Bangor, Rhagfyr wyth-deg-dau.
Pa wŷr eglwysig? Pa uchelwyr bras
Oedd yno'n llond eu crwyn o dwyll a brad?

Pob un, mae'n siŵr yn falch o'i lwyth a'i dras,
Pob un a chariad ingol at ei wlad.
Am 'chydig ddarnau arian a pheth tir
Ildio ein rhyddid i ryw deyrn o Sais
A'n troi yn gaethion am saith canrif hir,
Heb awydd yn y byd i godi llais.
Ac eto, er byw'n daeog am gyhyd
Daeth awgrym ddechrau Mawrth* o newid byd.

* Cyfeiriad at y refferendwm a gynhaliwyd ar 1 Mawrth 2011 i roi
rhagor o bwerau i'r Cynulliad

Yr Ateb

(ateb Hen ŵr Pencader i Harri'r Ail, Brenin Lloegr)

Hen ŵr, fe heriaist deyrn â'th ateb taer
Yr un oedd am ddileu dy fymryn gwlad,
Mynnaist y byddai'r broydd hyn yn gaer
I'r iaith Gymraeg ar waethaf trais a brad.
Pe llifai'r môr dros dir, pe syrthiai'r sêr,
Pe chwelid ein gwareiddiad bob yn ddarn,
Hawliaist yn gryf mai yn ein heniaith bêr
Y tystiem ger bron Duw ar Ddydd y Farn.
A'n cymunedau heddiw'n llesg a brau
A'r iaith ar ddarfod o'i chynefin dir,
Pa ddiben bellach sydd i ni barhau,
Tybed na fuom yma yn rhy hir?
A'r ateb dewr a roddaist tithau gynt
Ar goll yn rhywle ar y pedwar gwynt.

Ymson Swyddog Iechyd a Diogelwch
(Rhuthun 1400)

Rhyw waith diddiolch oedd o. Treulio f'oes
Yn ofer siarsio'r dre am bla a thân,
Ni welai'r dorf ddiddeall ond **gŵr** croes
Oedd ag obsesiwn od am gadw'n lân.
A hyn er bod budreddi hyd y stryd
A'r llygod yn gloddesta yn y grawn,
Ofn y Farwolaeth Fawr yn llenwi'n byd
A'r teios brau yn llosgi'n amal iawn.
Ond heddiw daeth fy ofnau oll yn wir
Pan ruthrodd milwyr Owain ar y dref
A thrwy'r ymrafael gwaedlyd clywn yn glir
Gasineb y canrifoedd yn eu llef.
Mae'r lle'n un goelcerth eirias, ac ni wn
A welir diffodd byth ar dân fel hwn.

Yr Ocsiwn

'Tai i bobol leol' oedd y slogan
A frithai ei ddadleuon pan yn iau,
Nid oedd arwerthwyr ond rhyw genfaint aflan
Na faliai am barhad ein broydd brau.
Y dyddiau hynny 'rhaid rheoli'r farchnad'
I atal y mewnlifiad doed a ddêl,
Ac wrth herio'r gyfalafiaeth anfad
Fe ddaeth yn agos iawn at fynd i'r jêl.
Ond nawr ac yntau'n hŷn fe gymedrolodd
(Mae'r frwydr wedi ei cholli, dyna'r ffaith),
Ac ar ei bensiwn pitw sylweddolodd
Fod angen pres i fyw i ben ei daith.
A dyna pam na theimlodd fawr o gwbwl
Pan aeth ei etifeddiaeth dan y morthwl.

Y Gyfrinach

Na, syr, rwy'n dod o Preston ac nid oes
Frodorion mwy yn byw yn Pengwern Grove.
Fe fu hen wraig. Roedd honno braidd yn groes
A gwaetha'r modd yn graddol golli'i chof.
Roedd urddas iddi, cofiwch, er ei bod
Yn flin ac unig, musgrell a di-rym,
Fe gawsom olwg ar ei mynd a'i dod
Ond ofnem ddicter balch ei llygaid llym.
Unwaith daeth ataf fel pe bai am rannu
Cyfrinach, dybiaf, o'r blynyddoedd gynt,
Ond cwbwl ofer fu ein hymbalfalu
A'i geiriau od yn chwalu yn y gwynt.
Fe'i claddwyd dro yn ôl heb rwysg na bri
A phriddwyd ei chyfrinach efo hi.

Maes y Ddawns

(stad o dai newydd a godwyd yn Nyffryn Banw; cafodd ei
henwi yn 'Maes y Ddawns' am fod William Jones (1726–1795),
cofnodydd Dawnsfeydd Llangadfan, yn dod o'r plwy')

I'r stad o dai fe ddaw gwareiddiad diarth
Gan raddol ddifa'r hyn fu yma cyd,
Di-hid o iaith a chwedlau hen y rhanbarth
A chwbwl fyddar i'r diwylliant drud.
Heb wybod chwaith am William Jones, Dolhywel
Fu'n dwrdio dros gyfiawnder yn ei ddydd;
A ydyw tybed o ryw fangre dawel
Yn gweld y llanast yn ei gwmwd prudd?
Tyrd, Voltaire Cymru,* galwa ar y cogie
I Faes y Ddawns ym mrethyn llwm eu tras,
A'r merched gyda dicter yn eu clocsie
I ddawnsio'n ffyrnig yn eu ffrogie bras.
Dawnsio nes creu daeargryn trwy'r holl blwy'
Am i ni lwyr anghofio'u gwerthoedd hwy.

* Enw a roddwyd ar William Jones oherwydd ei syniadau radicalaidd

Bore trannoeth

Seithennyn, cymer seibiant, meddai'r criw,
A heno tyrd i'r wledd i feddwi'n gaib,
Cawn yno ddathlu dy gyfraniad gwiw
Yn gwarchod tir ein gwlad rhag môr a'i raib.
Ni chlywem yn y wledd ryferthwy'r gwynt
Gan faint ein clebran croch wrth lowcio'r gwin,
Dyrchafem feddwol glod i'n teidiau gynt
Am ddyfal ddal eu tir a chadw'r ffin.
A bore heddiw sgrech hen wylan hy
Sy'n gwatwar yn ddilornus uwch fy mhen,
Tros nos fe droes ein byd yn 'hyn a fu',
Nid oes ond dŵr lle bu ein 'gwinllan wen',
A chlywaf o dan ddyfnder llaith y lli
Sŵn cloch yn edliw f'esgeulustod i.

PENRI ROBERTS

Ganwyd a magwyd Penri Roberts ym mhentref Llanrhaeadr ym Mochnant. Aeth i Ysgol Uwchradd Llanfyllin ac yna i Goleg y Drindod Caerfyrddin i'w hyfforddi'n athro. Mae Penri'n briod â Susan ac mae ganddynt 3 o feibion, Trystan, Iestyn a Dylan. Maent wedi ymgartrefu yn nhref Llanidloes ers 1985.

Bu Penri yn Bennaeth Ysgol Hafren y Drenewydd o 1984 hyd ei ymddeoliad ym 2004. Bu hefyd yn Bennaeth Ysgol Dafydd Llwyd, Ysgol Gymraeg Y Drenewydd o 2001 hyd 2004.

Yn 1981, gyda Linda Gittins a'r diweddar Derec Williams, fe ffurfiwyd Cwmni Theatr Maldwyn ar gyfer Eisteddfod Genedlaethol Machynlleth. 'Y Mab Darogan' oedd sioe gyntaf y cwmni. Ers hynny bu Penri, Derec a Linda wrthi'n cyfansoddi sioeau megis: 'Pum Diwrnod o Ryddid', 'Myfi Yw', 'Heledd' ac 'Ann' ar gyfer Eisteddfod Genedlaethol Maldwyn ym Meifod yn 2003. Yn 2004, fe sefydlodd y tri Ysgol Theatr Maldwyn er mwyn rhoi cyfleoedd i bobl ifanc ddysgu sgiliau theatr. Ar gyfer Eisteddfod Genedlaethol Maldwyn a'r Gororau yn 2015, bu Penri a Derec Williams yn ysgrifennu'r sioe 'Gwydion' gyda'r cerddor Gareth Glyn.

Enillodd y Goron yn Eisteddfod Genedlaethol Dinbych yn 2001. Yn 2009, fe'i penodwyd yn Gofiadur Gorsedd y Beirdd Ynys Prydain.

Cannwyll ein Rhyddid

(o'r sioe 'Pum Diwrnod o Ryddid')

Cannwyll ein rhyddid, cymer ni yn ein gwendid,
gwna ni'n gryf ac unedig, yn ddewr ac yn ddoeth;
bydd ein hofnau yn cilio a'r ffordd yn goleuo,
a'r fflam yn ein tywys ni heno i ryddid y dydd.

Mae'r Siarter yn mynnu i ni, bleidlais i bob un ohonom,
heb fesur cyfalaf na thir na gwerth, fe fynnwn gyfiawnder!
Cawn wared hualau ein tadau a diosg yr iau,
hwn sy'n goleuo ein llwybr i ryddid, hwn ydyw lleufer ein byd.

Mae'r Siarter yn mynnu i ni, hawl i bob un ei ethol
yn aelod o'r Senedd, fe gymer ei sedd, heb brofi perchnogaeth.
Cawn wared byddigion sy'n gwasgu y werin dan draed,
hwn sy'n goleuo ein llwybr i ryddid, hwn ydyw lleufer ein byd.

Mae'r Siarter yn mynnu i ni bleidlais sy'n gudd a phersonol,
heb brynu teyrngarwch anfoesol a rhad, heb lwgrwobrwyo!
Cawn wared â choncwest y diawled anonest o'r wlad,
hwn sy'n goleuo ein llwybr i ryddid, hwn ydyw lleufer ein byd.

Cannwyll ein rhyddid, cymer ni yn ein gwendid,
gwna ni'n gryf ac unedig, yn ddewr ac yn ddoeth;
bydd ein hofnau yn cilio a'r ffordd yn goleuo,
a'r fflam yn ein tywys ni heno i ryddid y dydd.

Y dŵr o dan y bont

Pan oedd haf yn ein meddiannu
glun wrth glun uwchben y dŵr
a rhamant dwy gainc byrlymus
yn llifo trwy ein gwaed,
daeth dedwyddwch, i ymdoddi
dwy nant yn ffrwd.

Pan oedd heulwen Awst yn anwes
a chwys dwy law yn lud,
dy afon yn afon i minnau
a'th donnau yn dennyn gwyn,
plymio wnes yng ngwres glasoed
i lygad dy ffynnon di.

Ond daeth diwedd haf i'n rhannu
a gwrthlif i hollti'n byd;
a welais ti gwrs y dyddiau'n
ymdroelli tu hwnt i'r ffin,
a dwed i mi – a wyddost ti
ble'r aeth y dŵr o dan y bont?

Helfa

af i hela
dros fryniau'r penglogau
trwy ddyffrynnoedd ymennydd
gan ddilyn sawr
hyd lwybrau cyntefig
cof

af i hela'r
goedwig o gyfrinachau
i igam-ogamu
rhwng y gwir a'r gau
gan rewi ger amheuaeth
croesffordd

af i hela
yn sŵn y cŵn a'r meirch
rhwng cyffro mellten a tharan
lle mae bytheirio
glaw fory'n glafoeri
ofn

af i hela
ceunentydd cydwybod
a gwales celwyddau
i wingo wrth durio daear
cywilydd

af i hela
i fyd defodaeth
lle mae cymrodedd
gwên a gwg
yn rhannu

ffau
af i hela
i dir anghysbell enaid
am y llwynog
sydd ynof
fi

Eryr Pengwern

(o'r sioe 'Heledd')

Cynddylan:

Fe roddwyd gwlad,
fe roddwyd caer a thir i'm gofal,
fe roddwyd gwlad;
mewn gweddi daer, erfyniaf am y nerth i'w chynnal,
fe roddwyd gwlad;
boed i mi'r grym a'r gallu sy'n dragwyddol,
i wynebu'r her a chamu i'r dyfodol.

Corws:

Eryr Pengwern, ein cadernid,
Eryr Pengwern, arwydd rhyddid,
muriau'r gaer dan adain heno,
dan dy lygaid, yn dy ddwylo,
yn dy fynwes fawr ddi-flino,
dinas ar y bryn sy'n fyw o hyd.

Cynddylan:

Fe roddwyd nos,
fe roddwyd haul y dydd i'w ganlyn,
fe roddwyd nos;
a thra bydd nerth, fe heriaf eto gaer y gelyn,
boed imi'r nerth,
rhaid i mi fyw, byw er mwyn fy mhobol,
rhaid i mi fyw, a chamu i'r dyfodol.

Fe roddwyd tras,
fe roddwyd hil i mi anwylo,
fe roddwyd tras;
fe roddwyd gwaed, y gwaed sydd eto ar fy nwylo,
fe roddwyd gwaed;
heb unrhyw ofn, fe hawliaf ffawd fy mhobol,
rhaid imi fyw, a chamu i'r dyfodol.

Ysgol Dafydd Llwyd

(sef ysgol ddynodedig Gymraeg y Drenewydd a sefydlwyd yn
2001 ger hengaer Dafydd Llwyd; yng nghanol y 15fed ganrif,
cyfansoddodd y bardd Lewis Glyn Cothi gerdd o foliant i
Dafydd Llwyd a oedd yn noddwr beirdd a cherddorion.)

Mae niwloedd trwm anialwch – yn llenni,
yn llonydd eu düwch,
diawel yw'r tawelwch,
gwawr yn llesg a geiriau'n llwch.

I'n herwau, o'u braenaru – daw eilwaith
y dwylo i'w llyfnu
yn gnydlawn, ac anadlu
her y ddawns i'r ddaear ddu.

Dyma faled yr hedyn – egina
o ganol ei blisgyn;
fel y daw y glaw i'r glyn,
o'n daear – wyrth flodeuyn.

I aelwyd fe ddaw eilwaith – y geiriau
  sy'n guriad yr heniaith,
  ar wefus gwêl yr afiaith
  a rydd i ni'n gwerddon iaith.

Daw heddiw ardd i'n harddu – a dolydd
  y delyn sy'n canu
  eu moliant i bant lle bu
  hefin o gynaeafu.

Mae cleber lle bu mieri – a gwawr
  lle bu gynt ryw nosi;
  a daw rhythmau'r lleisiau'n lli
  o donnau y dadeni.

Dychwel haf i fro Dafydd – dychwel cerdd,
  dychwel cân ehedydd,
  dychwel dawn a dychwel dydd
  ein hawen ni o'r newydd.

Dychwel i ni y delyn – dychwel cloch,
  dychwel clêr i'r dyffryn;
  dychwel gwerth, dychwel perthyn
  a dail ddoe i'r dolydd hyn.

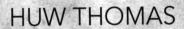

HUW THOMAS

Cafodd Huw Thomas ei eni a'i fagu
yn Nant Ganol, Rhiwlas yng ngodre'r
Berwyn, ac mae'n parhau i weithio
ar y fferm deuluol hyd heddiw, heb
grwydro ymhell o'i filltir sgwâr. Cafodd foddhad dros
y blynyddoedd o gydweithio â phobl ddiwylliedig,
hyddysg yn llenyddiaeth Cymru, ac o ymwneud â'r
'pethe'. Bu iddo ddysgu'r cynganeddion o golofn Dewi
Emrys yn Y *Cymro*, ac mae'n ddiolchgar iddo am y
cynghorion a dderbyniodd fel 'cyw prydydd'.

Mynychodd ddosbarthiadau Cymdeithas Addysg y
Gweithwyr dan amryw o athrawon a chael budd o hyn.
Bu'n aelod o sawl un o dimau *Talwrn y Beirdd* ac yn
gapten ar dîm Rhiwlas mewn sawl ymryson yn lleol. Yn
ogystal â bod yn aelod o Orsedd Powys, mae'n flaenor
yng nghapel M.C. Rhiwlas a derbyniodd Fedal Gee yn
2014.

Bu'n briod â Rowena ers hanner cant o flynyddoedd,
ac mae'r plant – Meirion, Gwenan, Eurwyn a Tecwyn –
yn dal i fyw yn eu cynefin, ynghyd ag wyres a thri ŵyr.

Cwpan

Paned a mwyn gwmpeini – a rhoi clust
I'r claf sydd yn poeni;
Caru un yw gwrando cri,
Onid hyn roes Crist inni?

Senedd

Yn y Bae hedyn ein bod – a heuwyd
Rhag newyn Cymreictod;
Onid yw yn ara'n dod
Yn ysgub ac yn gysgod?

Hirlwm

Onid gwanc gŵyr y banciau – yrrodd ias
Drwy ddôr sefydliadau?
Meinach ias a mynych wae,
Wna i'r bychan deimlo'r beichiau.

Adfail

Blaen Cwm heb awen heno – yn iasoer
Heb ddrysau, ond eco
O ddiwylliant wnaeth ddeillio
Yn frith ar dafodau'r fro.

Egin

Eiddilwch a ymwthia,
A'i wyrddni a ddisgleiria,
A bywyn ddoe yn donnau hardd
A chwardd hyd y cynhaea'.

Eira

Yr ysgafn blu'n gorchuddio
Y ddôl, daw'r fuwch i chwilio
Am borthiant sych yr adeg hon,
Y moddion a'i cynhalio.

Bratiaith

Merwina glust y Cymro
Yn fynych ar y radio,
Ac er pob sôn am iaith ar waith
Mae'r famiaith yn edwino.

Ffenestr

Y Crist crog, a bidogau – o heulwen
　　Dry'n olud y lliwiau;
　　A hardd wawl fel pe'n rhyddhau
　　O gwareli'r gwir olau.

Y bêl hirgron

Un trosiad a'r terasau – a foriant
　　Gyfarwydd emynau,
　　Y Ddraig yng ngwaedd yr hogiau,
　　A'r bêl yw bwledi'r Bae.

Milwr

Trwy ddisgyblaeth mae'n gaethwas, – yn ysu
　　Am feysydd galanas,
　　Ac arddel gydag urddas
　　Ei arfau llym, nid grym gras.

Gormes

Mawreddog ymarweddiad – a welwn
Yn elw'r archfarchnad;
Trwy nerth anferth ond anfad,
Gefynnau gloir am gefn gwlad.

Gwên

Un wên a honno'n gynnil,
Gyda swyn llygadu swil,
Yn y ddawns a ddenodd ddau
I gilio draw o'r golau,
Ond oes gariadlawn llawn lles
Eginodd o'r wên gynnes.

Cenfigen

O'r crud mae'n mynnu udo, – yn gyson
Ymgeisiwn i'w chuddio;
Ond er hyn ar fyr o dro
Hi lwydda i'n cywilyddio.

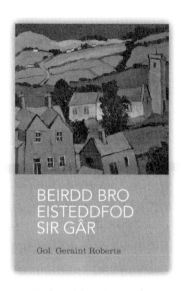

Cyhoeddwyd ar gyfer
Eisteddfod Genedlaethol Cymru Sir Gâr 2014

Cyhoeddwyd ar gyfer
Eisteddfod Genedlaethol Cymru Sir Ddinbych a'r Cyffiniau 2013